외국어 공부가 쉬워진다

인지심리학자의 조언

남기춘 저

박영story

서문

“외국어 공부가 쉬워진다: 언어심리학자의 조언”을 쓸까 말까를 여러 번 고민을 했다. 아직 준비가 부족한 것 같다는 생각 때문에 더 기다리다가 집필하자는 생각과 외국어학습과 인지심리학을 접목시킨 읽을 만한 것이 없는 상황에서 부족하더라도 책을 쓰는 것이 맞다는 생각 때문이었다. 책을 집필하는 데 큰 용기가 필요했다. 책의 수준을 전공 서적과 일반 교양 서적의 중간 정도에 위치하는, 그래서 어느 정도 전문성은 있지만 읽기 쉽게 쓰려고 노력하였으며, 외국어 학습과 교육과 관련하여 조금은 전문적으로 읽을 거리를 찾는 분들이 흥미있고 유익하게 읽을 수 있도록 집필하려고 노력하였다. 그리고 조금은 읽을 양이 너무 많지 않도록, 캐주얼하게 읽을 수 있는 정도로 분량을 조절하려고 노력하였다. 처음 쓰는 것이니, 너무 잘 쓰려고 걱정해서 진행시키지 못하는 우를 범하지 말고, 우선 알려진 내용을 아는 만큼 적자는 생각으로 초판을 출간한다.

외국어 학습과 교육에 관한 책은 여러 종류가 많이 출간되었다. 대부분이 언어학이나 외국어 교육학의 책들로 생각된다. 인지심리학, 학습 심리학, 언어 심리학, 신경과학 등의 관점에서 외국어 학습 과정을 논의한 책은 거의 없다. 책 제목이 암시하듯이 외국어 학습의 문제를 인지심리학과 신경과학의 입장에서 외국어 학습의 난제를 풀어보려고 노력하였다. 책의 첫 부분에서는 외국어 학습의 특성과 외국어 학습이 다른 종류의 학습에 비해 유독 어려운 이유를 설명하였다. 두 번째 부분에서는 인간의 기억 구조와 특성 그리고 기억의 인지신경과학의 시각으로 외국어 학습을 논의하였다. 마지막으로는 본인의 연구실에서 진행했던 외국어 학습관련 연구 내용을 소개하고, 향후 외국어 학습과 교육 시나리오를 계획할 때에 고려하면 좋을 것 같은 의견을 말하는 것으로 책을 마무리지었다.

본문에서 지적한 것처럼, 외국어 학습은 외국어에 대한 언어학적인 지식Linguistic knowledge of foreign language과 언어심리 정보처리 기술Psycholinguistic processing skill로 구성된다. 언어학적 지식은 외국어의 어휘와 문법 등에 대한 기본적인 지식을 말하는 것이다. 우리들 대부분이 외국어를 배우려고 이 부분에 대부분의 시간과 노력을 들여왔다. 언어심리 정보처리 기술은, 예를 들어, 외국어를 말하려고 할 때, 필요한 개념 구조를 생성해 낼 수 있는 능력, 문장을 문법적으로 배치할 수 있는 능력 등의 언어 지식을 사용해서 실제로 외국어를 이해하고 생성해 낼 수 있는 수행 능력이다. 외국어 학습자가 잘 훈련하지 않는 부분이다. 외국어의 언어 지식을 주로 학습하고 언어심리 정보처리 기술을 학습하지 않으면, 시중의 영어 시험 등에서는 성공할 수 있을지 모르겠지만, 실제로 외국인을 만나서 대화하고, 외국어로 글을 쓰고 하는 데에는 큰 어려움을 겪는다.

언어심리 정보처리 기술을 연습하는 데에 더 많은 노력과 시간이 투자되어야 한다고 생각한다. 외국어의 언어학적 지식과 언어심리 정보처리 기술은 선언 기억Declarative memory과 암묵 기억Implicit memory을 통해 학습된다. 모국어인 한국어를 습득Acquisition한 이후에 외국어를 배우기 시작하는 후기 외국어 학습자Late-L2-learner는 학습 초기에 선언 기억을 많이 사용한다. 선언 기억에 의존하여 외국어 문장을 말하려면, 문법의 내용, 단어 인출, 발음 등을 하나 하나 주의Attention를 기울이면서 구성해야 하고, 힘들게 말해야 한다. 당연히 느리고 부정확한 외국어 문장을 생성할 가능성이 높다. 모국어 문장을 말할 때처럼 외국어 문장을 말하려면, 외국어의 언어 지식을 의미 기억화하고, 암묵 기억화하며, 자동화된 절차 기억Automatized procedural memory으로 외국어 관련 지식을 전이Transition시켜야 한다. 후기 외국어 학습자의 외국어 학습은, 태어나면서부터 자연스럽게 모국어에 노출되고, 그래서 별 의도적인 학습Intentional learning 과정이 없고, 그런데도 매우 빠르게 그리고 매우 높은 수준의 모국어를 구사할 수 있을 정도로 모국어의 지식과 언어심리 정보처리 기술을 습득하는 경우와는 매우 다르다. 후기 외국어 학습자는 외국어 학습을 의도적으로 많은 노력을 들여서 수행해야 한다. 많은 시간과 노력을 기울여도 외국어 학습의 효과는 조금 나타나거나 아니면 잘 나타나지 않는다. 이처럼 어려운 후기 외국어 학습의 난관을 일부 해결할 수 있는 방법은 없는 것일까? 이런 문제를 언어 학습의 인지신경과학 연구 패러다임을 이용해 풀어 보려는 시도를 이 책에서 소개하였다. 많은 독자분들에게 조금이라도 도움이 되기를 바라본다.

이 책을 내는 데 도움을 주신 여러분께 감사의 말씀을 전한다. 부족한 원고를 세심하게 읽고 조언해 주신 동료 교수님들, 대학원 학생들, 친구들에게 다시 한 번 감사 말씀을 올린다. 특히 책의 편집을 맡아 주신 정은희 선생님과 피와이메이트의 노현 대표님을 비롯한 관계자분들에게 깊은 감사의 말씀을 전한다.

2021년 11월 10일

남기춘

차례

?

왜,

외국어를 쉽게 배울 수 없을까

외국어를 잘 배우려면?

어떻게 공부하는 사람이 외국어를 잘 배우는가?

인간의 기억 원리에 근거한 외국어 학습법은 어떤 것이 있는가?

안녕하세요. 저는 고려대학교 심리학부 교수 남기춘입니다. 1998년도에 고려대학교 심리학부에 부임을 해서 올해 24년째 교수 생활을 하고 있습니다. 박사 공부를 마치고 귀국하면서 생각했던 것 중에 하나가, 대한민국의 사회와 연구 상황을 생각해 보면, 미국에서 박사 공부를 하던 시기의 방법으로 어떤 주제에 관련하여 기초 연구에만 몰두해서는 안 되겠다는 것이었습니다. '우리나라 상황에 필요한 뭔가 현장에 쓰이고 응용되는 연구를 해야 되겠다, 그래야지 전문 연구자가 매우 부족한 현실을 극복하고 무언가 우리 사회가 당면한 문제를 해결할 수 있을 것 같다'라는 생각이었습니다. 저와 같은 연구자가 우리나라에 몇 명 안 됩니다. 사실 10여 명 정도입니다. '이처럼 아주 척박한 상황인데 현실은 외면하고 기초 연구에만 몰두해서 논문 발표 위주로 연구를 진행하는 것이 꼭 잘하는 것 같지는 않다'라는 생각이었습니다. 한국이 필요로 하고 현재 시민들이 필요로 하는 그런 연구에 집중을 해야 되겠다는 생각이었습니다. 가장 이상적인 연구 조합은 기초 과학 연구가 바로 응용 연구, 현장에서 필요한 연구로 이어지도록 하는 것이겠지요. 이러려면 우선은 현장에서 필요한 것이 무엇인지를 찾아내고, 그 현장의 문제를 해결하는 데 필요로 하는 기초 연구를 개발해 내는 방법으로 연구 트랙을 구성해야 할 것 같았습니다. 그 반대로 응용 연구에만 몰두하면 원천 기술이 없어서 조금 지나면 바닥이 다 보여서 더 이상의 큰 진전을 이루기는 거의 불가능에 가깝습니다. 그래서 기초 연구는 원천 기술을 개발하는데 반드시 필요합니다. 이런 생각으로 적절한 현장 중심의 연구 주제를 찾던 중에 우연히 심리학과 동기인 친구가 '야, 남박사 그 영어 하나 때문에 우리나라 전 국민이 몸살을 앓고 있어. 어린 아이부터 어른들까지. 모두 다 영어 때문에 힘들어 해. 언어심리학을 공부한 네가 무언가 다른 방법을 내 놓아야 할 것 같다. 그렇게 많이 여러 군데에서 노력했는데 왜 별 진전이 없을까? 당신이 이쪽에 연구를 해야 될 것 같다.'라는 이야기를 했습니다. 친구 이야기를 듣고 생각해 보니 외국어인 영어에 대한 언어심리 정보처리Psycholinguistic Information Processing 연구를 진행하는 것이 상당히 일리가 있어 보이더라고요. 그래서 고민하다가 이쪽 연구를 하게 되었습니다. 그런데 하다 보니까 이게 앞에 누가 해 놓은 것이 없었습니다. 과학이 대부분 미국이나 유럽을 중심으로 발전이 되어 왔는데, 미국 사람들이 자기네 나라 말을, 영어를 모국어로 획득하는 것에 대한 기초 연구와 응용 연구는 많이 진행하겠지만, 영어를 외국어로 배우는 것과 관련된 언어심리 정보처리를 연구할 리가 없잖아요. 근래에 와서, 더 정확히는 2000년대에 들어서, 외국어의 언어심리 정보처리Psycholinguistic Information Processing와 인지신경과학Cognitive Neuroscience 연구가 활발하게 진행되고 있습니다. 제가 이 분야의 연구를 처음 시작할 때에는 외국어 학습 심리, 인지 심리, 뇌 과학 등에 관련된 참고 논문이 거의 없고 책도 없는 상황이었습니다. 그러니까 거의 맨땅에 헤딩하는 식으로 연구해야 하는 상황이었습니다. 그래서 이제까지 시행착오를 많이 겪었습니다. 이제 20년 넘게 해 왔는데 아직도 모르는 게 대부분이고요. 그래도 좀 아는 것을 나눌 수 있으면 좋겠다는 생각을 했습니다. 소개가 어디서 됐겠지만, 저는 언어 문제를, 학습 문제를 인간 정보처리와 뇌 문제로 푸는 연구를 합니다. 우리가 말소리를 들으면 이해를 하게 되는데 그러한 과정이 뇌에서 어떤 원리로 이루어지는지, 외국어인 영어를, 영어 단어를 암기하게 되면 뇌 어디가 어떻게 되는 것인지, 외국어인 영어를 더 효과적으로 학습할 수 있는 방법은 무엇일까? 이런 식의 연구를 주로 진행해 오고 있습니다. 그래서 이런 제목을 하는게 좋겠다고 생각해서 잡았는데, '외국어를 잘 배우려면? 혹은 어떻게 공부하는 사람이 외국어를 잘 배우는가?' 혹은 '인간의 기억 원리에 근거한 외국어 학습법은 어떤 것이 있는가?' 이런 주제로 한 번 이야기를 해보겠습니다.

태어나서 모국어Mother Language or Native Language를 접하고 배우고Learning 획득하는Acquiring 과정에 대해서는 수많은 연구가 있고, 그래서 알려진 사실과 이론도 많이 있습니다. 예를 들면 1살 이전에 벌써 모국어 말소리Native Speech에만 민감하고 다른 말소리에는 둔감해지는 언어 발달이 나타나고, 이 나이 때의 유아가 성인처럼 말소리Speech를 범주Phoneme Category로 나누어서 말소리 지각Speech Perception합니다. 또한 3세 정도가 되면 모국어의 문법을 압니다. 그렇지만 모국어를 이미 잘 알고 있는 청

소년이 외국어를, 제2언어Second Language, L2를, 특히 영어를 배우는 방법에 대해서는 알려진 것이 많지는 않습니다. 저는 이 책에서 후기 제2언어 학습자Late and Sequential Second Language Learner라는 용어를 많이 사용할 것입니다. 후기 제2언어 학습자는 모국어를 이미 획득해서 잘 사용하고 있으며, 그래서 모국어를 습득한 후에 외국어를 배우기 시작하는 학습자를 의미합니다. 2000년대에 와서 외국어의 언어심리 정보처리와 인지신경과학 연구가 활발하게 이루어지기 시작했지만 주된 연구 주제는, '모국어와 외국어를 다루는 뇌 영역이 동일한지' 혹은 '외국어 능숙자와 비능숙자가 단어를 인지할 때의 정보처리 차이와 뇌 활성화 차이는 무엇인지', '외국어를 배우면 인지적으로 어떤 이점이 있는지'와 같은 것이고, 외국어 학습이 이루어지는 과정 그리고 관련된 뇌 영역의 변화와 원리에 대해서는 여전히 연구가 매우 미비합니다. 후기 제2언어 학습자Late and Sequential Second Language Learner의 외국어 학습에 관한 인지신경과학 연구가 거의 없습니다. 현재 우리는 모국어인 한국어를 모두 획득하고 나서 조금은 나이가 들어서 영어를 외국어로 배워야 하기에 영어를 배우는 것은 그래서 모국어를 배우던 상황과는 매우 다르며, 영어를 사용하는 나라에서 살면서 영어를 배우는 것이 아니라 학교와 같은 곳에서 수업을 통해 일부러 배워야 하는 매우 독특하고 어려운 상황에 처해 있습니다. 우리를 더 힘들게 하는 것은 외국어인 영어를 열심히 공부했는 데도 별반 차이가 잘 나타나지 않는다는 것입니다. 그래서 좌절하게 만듭니다. 외국어를 배우려면 오랜 시간 동안 인내하면서 공들여서 공부해야 합니다. 일부에서는 대략 10,000시간 가까이 학습하고 훈련하지 않으면, 배울 수가 없다고 합니다. 조금 쉽게 외국어인 영어를 공부할 방법은 없는 것인가요? 국내외의 문헌을 찾아도 이런 우리의 문제를 속 시원히 해결해 줄 수 있는 연구 결과는 없습니다. 무언가 우리 스스로 돌파구를 마련해야 하는 상황입니다. 이 책에서 다루고 있는 내용이 아주 조금이라도 위와 같은 우리의 현실 문제를, 외국어 학습의 어려움을, 해결하는 데 도움이 되기를 희망합니다.

우선 외국어 학습과 관련된 몇 가지 신기한 현상들을 소개하면서 시작해볼까요? 성인 학습자는 배우기 시작한 시기, 연습한 방법과 연습한 시간 정도, 개인의 학습하는 속도, 언어 지능, 모국어와 외국어의 언어학적 유사성과 차이점 등에 따라 궁극적으로 도달하는 외국어 능숙도에서 화자들 간에 큰 차이가 있습니다. 제 친구들이 함께 유학하고 유사한 시간 동안 영어에 노출이 되었음에도 불구하고 영어 실력에서는 큰 차이가 있는 것처럼요. 왜 이런 차이가 나타나는가요? 큰 연구 주제입니다. [표1]은 나이에 따른 외국어 문법 학습 효율성의 변화를 나타내고 있습니다(Hartshorne, Tenenbaum, & Pinker, 2018). 이 연구 결과는 제가 알기로는 가장 많은 영어 이중언어화자들로 부터 얻은 자료입니다(2/3 Million 화자로부터 수집한 방대한 자료). 신빙성이 매우 높다는 것이죠. [표1]은 Hartshorne, Tenenbaum, & Pinker (2018) 논문에 발표된 [그림6]을 재해석해서 나타낸 것입니다. Hartshorne, Tenenbaum, & Pinker (2018) 논문의 [그림6]에는 문법 지식의 정확성을 숫자로 정확하게 표시하지 않았고 대략적으로 추측할 수 있는 정도로만 제시하였습니다. 그래서 [표1]의 % 숫자는 [그림6]을 눈으로 보고 대략적으로 적은 것이라서 Hartshorne, Tenenbaum, & Pinker(2018) 논문 저자들이 가지고 있는 자료와 완전히 정확하게는 일치하지 않습니다. 그렇지만 [그림6]과 [표1]의 대략적인 수치만으로도 논문에서 밝히고자 했던 내용을 표현하기에는 충분하다고 생각하여 [표1]처럼 적었습니다. [표1]의 세로 열은 외국어인 영어를 시작한 나이를 나타내고 있습니다. 가로 행은 영어를 모국어로 획득한 Monolingual 획득자, 영어 사용권에서 살아가면서 자연스럽게 영어를 외국어로 배운 Immersion-L2 학습자, 저처럼 일부러 의도적으로 공부해서 영어를 외국어로 배운 Non-Immersion-L2 학습자를 나타내고 있습니다. 재미교포 자녀들이 영어를 태어나면서부터 혹은 이민 간 이후에 배우는 경우가 대부분 Immersion-L2 학습자에 속하겠죠. 반면에 한국에서 태어나서 영어를 학교나 학원 등에서 배운 영어 학습자가 Non-Immersion-L2 학습자입니다. [표1]에 '자료 없음'이라고 적은 부분은 논문에서 자료를 찾을 수 없는 부분을 나타내고 있습니다. 논문 내용을 이야기해 볼까요? [표1]을 보면, 몇 가지 중요한 사실들을 발견할 수 있습니다. 첫째, 신기하게도 모국어 화자도 100%의 문법 능력, Grammar Proficiency에는 도달하지 못한다는 것입니다. 재미있는 현상입니다. 모국어 화자가 실제로 100%의 문법을 알지 못하기 때문일 수도 있고, 보고된 연구들에서 사용한 문법 측정 검사의 성격 때문에 그럴 수도 있다고 생각이 듭니다. 모국어인 한국어 문법을 제가 모두 다 알고 있는가를 생각해 보면, '한국어 문법 전체를 모두 잘 알고 있다고 볼 수는 없다'라는 생각이 드네요. 한국어 문장을 유창하게 말하기도 하고 이해하는 데 어려움을 겪지 않지만, 지금 말한 문장이 왜 문법적으로 옳은지를 혹은 틀리는지를 설명하라면 잘 못할 것 같습니다. 여러 분들은 어떠세요? 아마도 영어를 모국어로 사용하는 미국인도 저와 유사하지 않을까 추측됩니다. 또한 물론 문법 능력을 측정한 방법에 따라 상당히 다른 결과를 보였을 가능성도 있을 수 있다고 예상되기도 합니다. 아무튼 [표1]에 근거하면, 모국어 문법도 우리는 모두 다 정확하게 알지는 못한다고 볼 수 있겠습니다. 그러니 당연히 외국어 학습자는, Immersion-L2 학습자든 Non-Immersion-L2 학습자든 관계없이, 100%의 외국어 문법 능력은 배우지 못합니다. 두 번째로, [표1]을 보면, Immersion-L2 학습자와 Non-Immersion-L2 학습자는 모국어 사용자 수준의 문법 능력에 도달하지 못한다는 것입니다. 예외적으로 Immersion-L2 학습자가 0세부터 제2언어에 노출된 경우만 모국어 화자 수준에 도달합니다. 특히 Non-Immersion-L2 학습자는 5세 정도의 매우 어린 나이에 외국어에 노출되어도 모국어 화자 수준의 문법 능력에 도달하지 못한다는 것입니다. 물론 5세 정도에 외국어를 시작하면 외국어 구사 능력은 외견상으로 볼 때 매우 유창해서 모국어 화자와 잘 구분이 안 되긴 하지만요. 태어나자마자부터 해당언어에 자연스럽게 매일 매우 오랜 기간 동안 노출되지 않으면 이상적으로 생각할 수 있는 외국어 문법 능력에는 도달하지 못한다는 것입니다. 세 번째로 Immersion-L2 학습자가 Non-immersion-L2 학습자보다 외국어인 영어 문법 능력에 더 높은 수준까지 도달한다는 것을 알 수 있지요. '재미교포 같은 영어 학습자가 한국에서 학교와 학원 등을 통해서 영어를 배운 학습자보다 더 높은 수준까지 도달한다'라는 의미입니다. Immersion-L2 학습자와 Non-Immersion-L2 학습자의 이런 차이는 어느 시기의 나이에 영어를 시작하든 관계없이 나타납니다. 이런 결과를 보면, 어려운 영어를 배우기 위해서 할 수만 있다면 영어 속에 파묻혀 살고 싶습니다. 확실히 Immersion-L2 학습자가 더 잘 배웁니다. 이런 결과를 보면 외국어인 영어를 공부할 때만 공부하지 말고 시간 나는 대로 생각나는 대로 수시로 말하고 영어를 사용하는 것이 높은 수준의 영어 문법 실력에 도달하는 것이라고 볼 수 있겠습니다. 그렇지만 두 집단의 공통점도 있습니다. 두 집단의 외국어 학습자 모두 나이가 들어서 외국어를 시작할수록 문법 능력을 획득하는 정도가 감소한다는 것입니다. 5세 이전에 외국어에 노출된 경우에는 매우 능숙하게 외국어 문법을 획득합니다. 그렇지만 20세가 넘어서 더 늦은 나이에 외국어 학습을 시작할수록 문법을 잘 배울 가능성은 매우 더 급격하게 감소한다는 것입니다. 이런 결과를 보면 더 빨리 시작할수록 이득이라고 볼 수 있겠습니다. 가능하면 20세 이전에요. 흔히 사춘기 이전에 외국어를 시작하는 것이 효과적이라고 알려져 있지요. 또 다른 공통성은, 앞에서 지적했듯이, 태어나자마자 외국어에 자연적으로 노출된 경우를 제외하고는 다른 경우에는 결코 모국어 수준의 문법 능력에는 도달하지 못한다는 것입니다. 한계가 있죠? 아주 특별한 경우를 제외하고는 결코 모국어 화자 수준의 외국어 문법 능력에 도달하지 못합니다. 이 결과에 포함된 사람들은 모두 영어를 비교적 잘 구사하는 사람들입니다. 그러니까 꽤 영어를 한다고 평가되는 사람들입니다. 문법 능력이 낮은 사람도 대략 85%는 맞추는 사람들이니까요. 그런데도 [표1]이 보이는 것처럼 외국어를 학습한 방법과 배우기 시작한 시기에 따라 개인 간의 차이를 보이고 있습니다. 물론 아래에서도 논의하겠지만 얼마나 오랜 기간 동안 열심히 외국어를 공부했는지도 매우 중요합니다. 위의 결과는 이 연구에 포함된 참가자들이 외국어인 영어를 지속적으로 열심히 공부한다는 것을 가정했을 때의 결과입니다. [표1]에서 얻은 배울 점은, 영어를 비교적 어린 시기에 시작하고, 방법은 Immersion-L2 학습자가 영어를 배우듯이 시간 나는 대로 생각나는 대로 수시로 말하고 읽고를 반복하며 너무 급하게 생각하지 말고 오랜 기간 동안 이런 일을 지속해야 한다는 것입니다.

사실 외국어를 아주 오랫동안 경험하고 매우 잘한다고 해도 가장 극복이 안 되는 부분이 문법과 발음입니다. 모국어 문법은 거의 자동화되어 있어서 특별히 아는 것 같지도 않은데 생각만 하면 모국어 문장이 저절로 나오는 것처럼 느껴지죠. 그런데 반해서 외국어 영어 문장은 한참 생각해도 콩글리쉬 문장만 어렵게 산출됩니다. 답답합니다. 어떻게 하면 이런 외국어 문법 생성의 문제를 극복할 수 있을까요? 나중에 효과적인 외국어 학습 방법을 설명하는 본문에서 한 번 더 다루어 봐요. 단어와 문장은 의미를 표현하는 중심입니다. 단어만으로도 상당한 정도의 의미 전달이 가능합니다. 보통 단어는 암기하면 되기에 학습이 쉬운 편에 속합니다. 문법은 정말 어렵습니다. 문법은 규칙이 있는 것 같으면서도 예외적인 경우가 너무나도 많고 다양한 종류의 언어 규칙 때문에 배우기가 어렵습니다. 단순히 암기로만으로는 문법을 배울 수가 없습니다. 뒤에서 논의하겠지만 문법 지식과 문법의 언어심리 정보처리기술Psycholinguistic Information Processing Skills of Grammar을 모두 습득해야 합니다. 그래서 대개 언어 능력을 평가할 때 문장에 적용되는 문법 사용 능력을 많이 측정합니다.

	0세 시작	10세 시작	20세 시작	30세 시작
모국어	98% 이상	자료 없음	자료 없음	자료 없음
Immersion-L2 학습자	98% 이상	약 97%	약 95%	자료 없음
Non-immersion-L2 학습자	• 5세 무렵에 처음 시작 • 약 94%	약 94%	약 86%	약 82%

[표1] 외국어에 처음 노출된 나이에 따른 외국어 학습 효율성의 변화(Hartshorne, Tenenbaum, and Pinker, 2018).

외국어인 영어에 얼마나 오랜 시간 동안 노출되었는지도 중요한 역할을 합니다. 보통은 더 오랫동안 외국어인 영어에 노출될수록 영어를 더 잘합니다(Stevens, 1999). 이런 현상을 Length of Residence^LOR 효과라고 부릅니다. 외국어인 영어를 잘하는 학습자는 미국에 거주하는 시간이 길어질수록 영어를 계속 더 잘하게 변합니다. 그렇지만 미국에 이민 갈 무렵에, 영어를 처음부터 잘 못하던 사람들은 미국에 거주하는 시간이 길어져도 영어 실력이 잘 늘어나지 않습니다. 단순히 시간만 지난다고 영어 능력이 증가하지는 않습니다. 모국어를 배울 때는 모국어를 사용하는 환경에만 노출되면 배우는 것과는 다르게 후기 제2언어 학습자Late and Sequential Second Language Learner는 일부러 배우지 않으면 영어를 사용하는 환경에 노출돼도 영어를 배우지 못합니다. 모국어 화자가 모국어를 배우는 뇌의 원리와 후기 제2언어 학습자가 외국어를 배우는 뇌의 원리가 다르다는 것을 의미합니다. 이민 초기부터 어느 이상의 영어 실력이 있는지 여부가 중요한 요인인 것 같아요. [그림1]에서도 설명할 것인데 대략 10년 이상 영어를 모국어로 사용하는 나라에서 공교육을 받고 영어권에서 생활하는 경우에 효과가 있는 것처럼 보입니다. 물론 같은 기간을 미국에 머물더라도 영어를 얼마나 많이 사용했는지 그리고 어떤 종류의 환경에서 외국어인 영어를 경험하였는지가 중요한 역할을 합니다(Flege, 2018). 외국어인 영어를 미국 생활 상황에서 정상적으로 사용해야만 하는 환경, 예를 들면 학교에서 수업을 듣고 시험을 보아야 하는 환경에서 학습하는 경우에, 얼마나 오랜 시간 동안 외국어인 영어에 노출되었는지 여부가 중요한 역할을 합니다. 미국에 있어도 한인들끼리 주로 한국어를 사용하는 경우에는 아무리 오랜 시간 동안 미국에 살아도 영어 발전과는 별 관련성이 없습니다. 여러 연구에서 외국어를 언제 시작했는지 여부가 외국어 획득에 가장 중요한 요인이라고 지적해왔습니다. 그렇지만 방금 전에 논의했던 것처럼 얼마나 오랜 시간을 적절하게 영어를 경험하였는지 또한 매우 중요하다고 지적합니다. 특히 영어의 Input Quality(정상적인 영어를 사용하는 환경에서 영어를 경험하는 경우)와 실제로 영어를 사용하는 시간이 얼만큼 인지가 중요합니다.

리뷰 성격의 연구 말고 직접 실험으로 검증한 연구를 소개할까 합니다. 우리나라 사람의 결과 중에 주목할 만한 것을 살펴보겠습니다. 제 지도 학생이었던 백연지 교수의 박사 논문 결과입니다. 컴퓨터 화면에 나무 그림이 나타납니다. 실험 참가자는 영어 단어인 'tree'에 특정한 소리가, 예를 들어 '/t(ㅌ)/' 소리가, 포함되어 있는지를 판단해서 반응해야 합니다. 지금 예에서는 '/t/' 소리가 'tree'라는 그림 이름에 있으니까 '예'라고 가능한 한 빠르게 반응 키를 눌러서 반응해야 합니다. 중요한 조건은 '/n(ㄴ)/ 소리가 있는지를 판단하는 경우입니다. 한국어

'나무'에는 '/ㄴ/' 소리가 있지만 영어 'tree'에는 없는 경우입니다. 영어 단어 기준으로 / n(ㄴ)/이 있는지를 생각하고 판단하면 '아니오'로 반응을 해야 합니다. 그런데 만일에 나무 그림을 보고 영어로 말해야 하는 상황인데도 한국어 단어가 저절로 기억 속에 떠오른다면, 영어 'tree'에 그런 소리가 없다고 판단하는데 한국어가 방해를 일으켜서 반응 시간이 오래 걸릴 것입니다. 왜냐하면 한국어 '나무'에는 '/ㄴ/'소리가 있어서 영어 기준으로 '아니오'로 판단하는 데 갈등 상황을 일으키기 때문이죠. 이 조건을 '(1) 한국어 방해 조건'이라고 이름 붙여 봐요. 다른 조건은 영어로 'tree'에 '/s(ㅅ)/'소리가 있는지 판단하라고 하는 조건입니다. 이 경우에도 당연히 '아니오'로 반응해야 합니다. (1)과의 차이점은 한국어의 '나무'에도 '/ㅅ/' 소리가 없다는 것입니다. 한국어 '/나무/'가 기억 속에서 자동적으로 활성화 되더라도 방해를 일으키지 않습니다. 한국어 '나무'가 자동적으로 떠올라도 '/ㅅ/'소리는 없으니까요. 이 조건을 '(2) 한국어 방해없음 조건'으로 이름을 붙여 봐요. (1)번과 (2)번의 판단 시간 차이는 곧 영어로 말하려고 영어 단어를 생각할 때에도 모국어인 한국어 단어가 자동적으로 활성화 되는지 아닌지를 알려 주는 단서입니다. 한국어가 자동적으로 떠오르면 시간 차이가 커지겠죠. 다시 말하면 한국어에 매우 익숙해서 안 떠올리려고 해도 나도 모르게 그림에 해당되는 단어가 한국어로 자동적으로 활성화 되는지 여부를 조사하는 연구입니다. 보통 영어로 말하려고 할 때, 해당되는 한국어가 떠올라서 영어 속에 한국어를 섞어서 말하는 경우가 있죠. 저는 흔히 경험합니다.

이번에는 한국어로 '나무'에 '/ㅌ(t)/' 소리가 있는 지를 판단하는 경우인 (A) 영어 방해 조건과 '/ㄷ(d)/' 소리가 있는가를 판단하는 경우인 (B) 영어 방해없음 조건을 생각해봐요. 한국어 단어를 생각하는 중에 상대되는 영어 단어가 활성화된다면, (A)에서는 영어 단어에 의한 방해 때문에 판단 시간이 길어질 것입니다. 영어의 'tree'에는 '/t/' 소리가 있어서, 그러니까 '예' 반응을 하도록 자꾸 부추길 테니까, 'tree'가 자동으로 떠오르면 한국어 기준의 '아니요' 반응 선택과 충돌이 생길 것이고 그래서 한국어 반응을 방해할 것이니까요. (B)조건에서는 길어지지 않을 것입니다. 'tree'에는 '/d/'소리가 없으니까요. 그래서 한국어 기준의 반응과 충돌하지 않을 것이니까요. (A)와 (B)의 차이는 한국어로 그림의 이름을 말하려고 할 때에도 영어 단어가 자동적으로 기억 속에서 활성화되는지를 알려주는 힌트입니다. 이런 경우는 참 드물겠죠. 한국어로 말하는데 영어가 자동적으로 머릿속에 떠올라서 한국어로 말하는 데 곤란을 겪으신 경우가 있으신가요? 아마도 거의 없을 것입니다. 미국에서 수십 년간 지내면서 그것도 미국인과 매일 매일 영어로만 의사소통해야 하고 집에 와서도 거의 영어로만 살아야 하는 그런 경우라면 몰라도요. 실험 참가자는 세 종류의 사람들이었습니다. 1번 집단(아래 그림에서 Unbalanced L2로 표시됨)은 저처럼 한국에서 영어를 배우고 영어 제법 한다는 후기 이중언어자Late Bilingual였고요, 2번 집단(아래 그림에서 Balanced_Low L2로 표시됨)은 미국에서 3~7년 정도(평균 4년 이상) 거주하며 영어로 공교육을 받았으며 본인이 생각하기에는 영어가 오히려 모국어인 한국어보다 편하다고 생각하는 집단이었습니다. 3번 집단(아래 그림에서 Balanced_High L2로 표시됨)은 8년 이상 (평균 11년 이상) 미국에 거주했고 영어로 공교육을 받았으며 외국어인 영어가 모국어인 한국어보다 훨씬 쉽다고 생각하는 거의 미국 원어민과 같은 집단이었습니다.

[그림1]의 (가)는 행동 반응 시간을 나타내고 있어요. 영어로 말하려고 할 때 한국어가 떠오르는 경우는, 즉 (1)과 (2) 조건 간의 차이는 세 집단 모두에서 나타났어요. 영어를 굉장히 잘하든 아니면 잘 못하든 간에 관계없이 외국어인 영어를 말하려고 하는 경우에 모국어인 한국어가 자동적으로 뇌 기억 속에 떠오른다는 것을 의미합니다. Balanced_High L2로 표시된 집단은 미국에 10년 이상 거주한 사람들입니다. 미국 사람처럼 느껴지는 청년 집단입니다. 영어가 한국어 보다도 더 자연스럽다고 보고한 이중언어자들이고요. 그런데 이런 이중언어 사람들도 역시 영어를 생각할 때 한국어가 방해를 일으킨다는 것이죠. 모국어 활성화를 능동적으로 억제하지 못하고 있는 상황입니다. 그 반대의 경우가 흥미롭죠. 특히 2번 집단이 관심의 초점입니다. Balanced_Low L2로 표시된 집단은 미국에 5년 정도 거주한 집단이고 영어로 고등학교와 대학교 공부를 마친 사람들입니다. 이 집단도 역시 영어가 한국어보다 더 쉽다고 보고한 집단이고요. 그렇지만 Balanced_High L2와는 확실히 차이가 있는 이중언어자들입니다. 한국어로 말하는 중에 영어가 자동으로 떠오를 것인가? 한국어로 말하는데 영어가 자동적으로 활성화 돼서 한국어 말하기를 방해할 것인가? (A) 영어 방해 조건과 (B) 영어 방해없음 조건 간의 차이입니다. 1번 집단은 영어가 자동적으로 떠오르지 않습니다. 제가 근무하고 있는 대학교의 학생 집단이니까 제법 영어를 잘하는 집단으로 생각할 수도 있는 사람들입니다. 그런데도 1번 집단에

서는 자료에서 보시는 것처럼, 한국어를 생각할 때 외국어인 영어는 전혀 떠오르지 않습니다. 3번 집단은 자동으로 떠오르는 경향성이 보입니다. 관심의 집단, 2번 집단도 3번 집단과 유사한 반응을 보입니다. (A) 영어 방해 조건과 (B) 영어 방해없음 조건 간의 차이가 작아서 영어가 강력하게 떠올랐다고 보기는 어렵지만요. 2번 집단과 3번 집단은 실제로 영어가 거의 미국인처럼 능숙한 이중 언어자였습니다. 그런데도 한국어로 말할 때 영어는 자동적으로 활성화되지 않았습니다. 그렇지만 영어로 말하는 과정에서 한국어가 활성화되는 현상은 나타났습니다. 2번 집단과 3번 집단처럼 그렇게 오랜 시간 동안 미국에서 보냈는 데도 여전히 모국어인 한국어와 외국어인 영어의 기억 강도가 다르다는 것입니다. 또한 본인이 생각하는 것과 뇌의 반응 간에는 차이가 있는 것을 제시하고 있습니다. 2번과 3번 집단은 미국에 오랜 시간 거주하면서 영어를 학습한 Immersion-L2 학습자입니다. 본인들은 외국어인 영어가 모국어인 한국어 보다 말하기가 더 편하다고 보고한 이중언어 사용자들입니다. 이들이 보고한 내용과는 다르게 실험 데이터에서는 여전히 모국어인 한국어 기억이 외국어인 영어 기억보다 강하다는 것을, 즉 한국어 사용이 영어 보다 훨씬 더 편하다는 것을 보여 주고 있습니다. 이처럼 우리들은 착각을 많이 합니다. 내 생각과 실제와는 차이가 있다는 것이죠. 인지심리학 연구 결과에 의하면, 실제 상황, 뇌의 기억 정도를 정확히 아는 사람들이 본인의 학습을 더 잘 관리하고 그래서 학습의 결과도 우수합니다.

[그림1]의 (나)와 (다)는 뇌파 결과를 보여 주고 있습니다. 행동

반응 시간보다는 뇌파 결과가 훨씬 더 정밀합니다. 그래서 행동 자료 분석에서는 보이지 않던 차이가 뇌파 결과에서는 보일 수 있습니다. N200이라는 뇌파 성분이 위에서 설명한 방해 효과를 반영합니다. N200이 더 클수록 방해 효과를 억제하고자 하는 노력이 더 크다고 볼 수 있고, 그 말은 원하지 않는 언어가 더 강력하게 자동적으로 활성화 되었다는 것을 의미합니다. 흥미로운 조건인 (나)의 결과를 먼저 보겠습니다. 한국어로 말하려고 할 때, 즉 매우 능숙한 기억 강도가 강한 모국어로 말하려고 할 때, 나중에 배운 외국어인 영어가 자동적으로 활성화되어서 한국어 말하기를 방해하는지 여부입니다. 행동 반응 시간에서는 나타나지 않았습니다. 흥미롭습니다. (A) 영어 방해 조건과 (B) 영어 방해없음 조건 간의 차이 비교입니다. 1번 집단은 영어가 자동적으로 떠오르지 않습니다. N200이 나타나지 않습니다. 3번 집단은 자동으로 떠오릅니다. N200이 왼쪽 뇌에서 크게 나타납니다. 영어가 한국어 말하기를 방해했습니다. (A) 영어 방해 조건과 (B) 영어 방해없음 조건 간의 차이가 확실히 보입니다. 행동상으로는 영어에 매우 능숙해 보이지만 뇌에서는 반응이 다르다는 의미입니다. 반면에 2번 집단은 N200 성분이 나타나지 않았습니다. 행동 반응 시간 결과와 유사했습니다. 2번 집단도 평균 4년 이상 미국에서 영어를 매우 정상적인 조건에서 경험한 집단임에도 불구하고 여전히 외국어인 영어의 기억과 사용 능력이 모국어보다 못하다는 의미입니다. 이제 (다)의 결과를 보겠습니다. 영어를 말할 때 한국어가 방해하는 현상은 행동 반응 시간 자료에서 세 집단에서 모두 나타났었습니다. 그런데 (다)에서 보듯이 뇌파 결과에서는 반응 시간 결과와는 다르게 세 집단이 동일하게 나타나지 않았습니다. 미국에 가지 않고 한국에서 영어를 배운 첫 번째 집단에서는 N200이 나타나지 않았고, 미국에서 공교육을 받고 생활하면서 영어를 배운 두 집단에서는 N200이 나타났습니다. 이 결과만 보면, 1번 집단은 외국어인 영어를 생각할 때 모국어인 한국어가 자동으로 떠오르지 않아서 방해를 하지 않은 것처럼 보이고 2번과 3번 집단에서는 한국어의 방해가 있었던 것처럼 보입니다. 상식적인 생각과 배치되는 결과입니다. 영어를 잘 못하는 집단에서 외국어로 말하려고 생각할 때 외국어는 생각이 잘 안 나고 대신 모국어가 자꾸만 떠오르는 것이 보통인데 뇌파 결과는 이런 예상과는 다른 결과를 보이고 있습니다. 이런 현상은 1번 집단의 영어 기억 강도가 너무나 약해서라고 판단됩니다. 1번 집단의 경우에는 그림에 해당되는 영어 단어를 큰 노력을 기울여서 찾고 활성화시켜서 특정 음소가 있는지를 판단합니다. 그런데 이때 해당되는 영어 단어의 기억 강도가 너무 약해서 미약하게 활성화되어 있는 상황입니다. 강력하게 저장되어 있는 모국어 단어와는 비교가 되지 않는 상황입니다. 따라서 기억 속에 겨우 활성화되어 유지되고 있는 영어 단어와 강력하게 활성화되어 있는 모국어 단어는 경쟁이 되지 않습니다. N200은 두 종류의 정보가 서로 강해서 상호 견제하는 경우에 발생되는 것인데, 1번 집단의 경우에는 영어와 한국어의 강도가 유사하지 않고 한국어 단어의 활성화가 너무나 강했기 때문에 이런 경쟁이 나타나지 않은 것으로 해석됩니다. 정리해 보면, 세 집단 모두 외국어인 영어 단어를 생각해 내는 경우에 모국어는 자동적으로 활성화되어 외국어의 정보처리과정을 방해합니다. 한국어로 말하려고 한국어를 활성화시키는 경우에는, 3번 집단, 10년 이상 미국에서 Immersion–L2 학습자로 외국어인 영어를 경험한 집단에서만 영어의 방해 효과가 관찰되었습니다. 즉, 3번 집단의 경우에만 모국어인 한국어와 외국어인 영어 단어의 기억 강도가 유사하다는 것을 의미합니다. 외국어를 잘 할수록 모국어와 외국어의 기억 강도가 유사해진다는 것을 말합니다. [그림1]에서 사용한 실험 방법을 발전시키면 외국어인 영어를 얼마나 잘 하는 것인지를 평가할 수 있는 방법도 개발할 수 있을 것 같지 않습니까? (A) 영어 방해 조건과 (B) 영어 방해없음 조건의 차이와 (1) 한국어 방해 조건과 (2) 한국어 방해없음 조건 간의 차이가 적을수록 외국어인 영어를 잘 하는 사람이라고 판단할 수 있겠지요? 두 차이 간의 차이가 적은 경우에는 외국어의 기억 강도가 학습을 통해 강해져서 모국어 수준에 도달했다는 의미이니까요.

이 연구를 통해 알 수 있는 것은 일단 영어로 공교육을 받아야, 즉 영어를 사용하지 않으면 안 되는 상황에 처해야 정말로 영어가 달라진다는 것이고, 무려 10년 이상 영어를 꾸준히 공부해야 어떤 경지에 오를 수 있다는 것이며, 비록 본인은 영어가 모국어보다 편하다고 이야기해도 실제로 뇌에서 일어나는 반응은 본인의 믿음과는 차이가 있을 수 있다는 것입니다. 영어를 잘 하려면 위에서 소개한 Balanced_Low L2의 영어 경험도 부족한 상황인데, 위 연구에서 보듯이 미국에서 근 10년 이상 영어를 사용할 수밖에 없는 상황에서 영어를 배운 경우에도 여전히 모국어의 기억 강도가 높습니다. 한국에서 Non–Immersion–L2 학습자로 학교 등의 공식적인 기관에서 영어 공부하는 우리는 훨씬 더 어렵겠죠. 아마도 일반 학생들은 위의 연구에 참여한 대학생과 비교해도 더 적은 노력을 기울이고 있을 가능성이 높다고 생각이 듭니다. 이런 현실 속에서 Non-Immersion-L2 학습자가 영어를 잘 배울 것이라고 생각하는 것 자체가 무리가 있다고 생각하시지 않나요? 무언가 새로운 대책이 필요해 보입니다. 조금은 실망스럽죠? 한숨이 나오기도 합니다. 이런 어려운 상황을 극복할 방법은 없을까요? 한 번 생각해 봅시다. 아이가 태어나서 자연스럽게 모국어를 배우는 상황과 모국어를 모두 획득한 이후에 외국어를 배우는 후기 이중언어 학습자 상황은 매우 다릅니다. 아래에서 말씀드리겠지만 후기 이중언어 학습자는 의식적인 인간의 학습과 기억 체계를 이용해서 외국어를 배웁니다. 그래서 최대한으로 인간이 지니고 있는 학습과 기억의 특성을 이용해야 덜 고생하고 더 잘 배울 수 있습니다.

(가) 행동 반응 시간 결과

	모국어인 한국어를 생각할 때 외국어인 영어가 떠오르는 상황(A-B)	외국어인 영어를 생각할 때 모국어인 한국어가 떠오르는 상황(1-2)
Unbalanced L2	20ms	65ms
Balanced_Low L2	14ms	24ms
Balanced_High L2	23ms	28ms

(나) 모국어인 한국어를 생각할 때 외국어인 영어가 떠오르는 상황

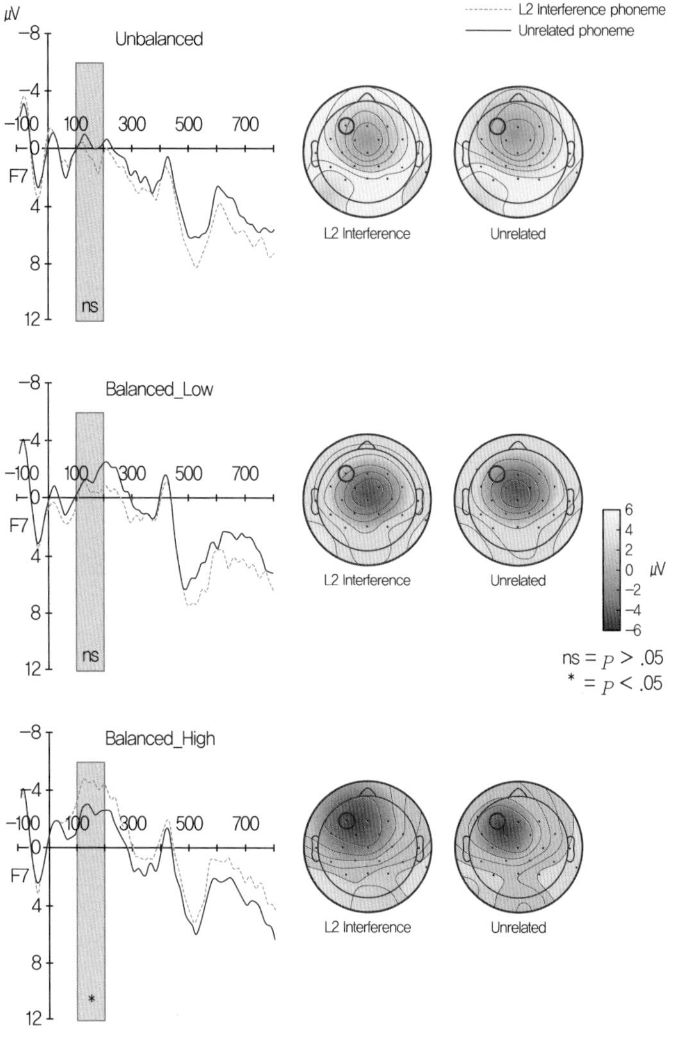

(다) 외국어인 영어를 생각할 때 모국어인 한국어가 떠오르는 상황

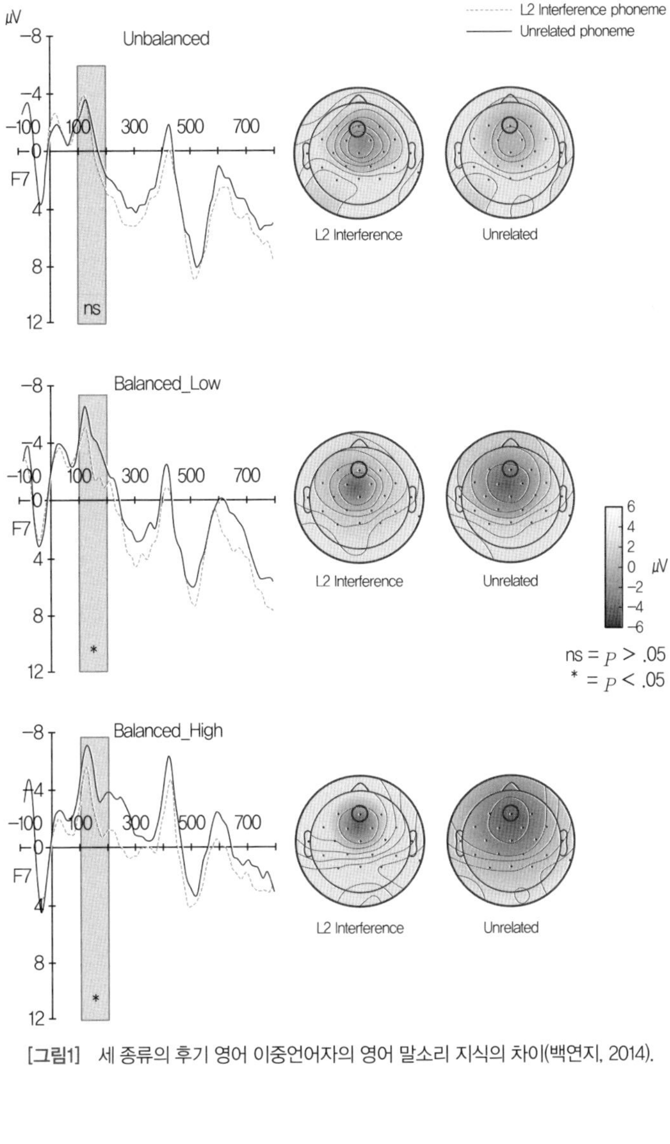

[그림1] 세 종류의 후기 영어 이중언어자의 영어 말소리 지식의 차이(백연지, 2014).

모국어를 모두 배운 후에 외국어를 배우는 성인의 외국어 학습은 유아로 태어나서 모국어를 획득하는 상황과는 상당히 다르며 뇌에서 언어를 받아들이는 것도 다릅니다. 우리 상황에서 정말 필요한 내용은 성인이 외국어를 배우는 것에 관한 연구 결과이고, 또한 그것을 외국어 학습 현장에 적용시켜서 우리의 외국어 학습을 돕는 것입니다. 다음 절에서 논의하겠지만, 후기 제2언어 학습자는 단어를 배우든 문장의 문법을 배우든 구분없이, 해마의 역할이 큰 일반 학습과 기억에 의존합니다. 그래서 이후에 다룰 콘텐츠는 대략 아래처럼 세 개 정도를 차례로 이야기를 해보려고 합니다. 처음에는 현재까지 많이 알려진 인간의 기억 구조와 기억 원리의 인지신경과학적 사실들을 소개하려고 합니다. 이 과정을 이해해야 응용해서 외국어 학습 방법을 개발할 수 있기 때문입니다. 그리고는 특별한, 다른 사실들을 학습하는 것과는 구분되는 언어 학습의 특이성에 대해 설명하겠습니다. 언어는 일반적인 사실의 내용을 배우는 기억 과정도 이용하지만 다른 부가적인 과정이 많이 포함되어 있어서 특별합니다. 이 부분을 이해하고 나면 왜 외국어를 배우는데 오랜 시간이 소요되고 어려운지를 이해하시게 될 것입니다. 문제의 핵심을 파악해야 대책을 생각해 낼 수 있어서 이 부분의 이해가 매우 중요합니다. 그리고 마지막으로 언어 학습이 다르다는 것을 반영할 때, 외국어 학습 방법으로 무엇이 가능할 것인가에 대해 잠시 말씀드릴까 합니다. 주로 제가 제 연구실에서 학생들과 함께 진행했던 연구를 중심으로 이야기를 진행할 것입니다. 언어 학습의 문제를 언어 심리학, 학습 심리학, 인지 심리학, 뇌 과학 등의 방법으로 논의한 책이 많지 않습니다. 그래서 이번 책에서는 조금은 넓고 얕게 소개하는 정도로 만족할까 합니다. 가능하면 쉽게 그렇지만 내용은 많게, 친근한 구어체로 다가가는 교양서를 쓰려고 노력하겠습니다. 재미있게 읽으실 수 있도록 최선을 다해 보겠습니다.

조언 1,

인간의 기억 구조와 기억의 원리

언어학습이 일어나는 방법은?

누가 아는 상태에서 할 수 있는 상태로의 변하는가?

기억력이 높은 사람이 외국어를 잘 배운다.

일반적으로 우리가 어떤 경험을 하게 되면 그 내용이 뇌에 남게 되지요. 경험하는 것이 학습 과정Learning Processing이고 그 결과로 기억Memory이 남습니다. 성공적인 학습이 되려고 하면 Long-term Memory라고 하는 곳에, 우리 말로 장기 기억에 경험한 내용이 남아 있어야 합니다. [그림2]에서 보듯이 인간의 기억은 감각 기억, 작업 기억 혹은 단기 기억, 그리고 마지막으로 장기 기억으로 구성됩니다. 감각 기억과 작업 기억 시스템에 남아 있던 정보는 몇 분도 안 가서 사라지기 때문에 이들 기억 시스템에 남아 있는 정보는 학습되었다고 볼 수가 없습니다. 거의 반영구적으로 기억을 유지하고 있는 것으로 알려진 장기 기억 시스템에 정보가 기록되어야 비로소 학습을 통해 기억이 되었다고 볼 수 있습니다. 그래서 간단하게 효과적인 학습을 정의하면, 감각 기억 혹은 작업 기억 시스템에 있던 정보를 장기 기억으로 효과적으로 넘기는 방법이라고 볼 수 있습니다. 아래 [그림2]에 인간 정보처리 시스템을 소개하였습니다. 거의 모든 인지 현상이 아래에서 소개하는 인간 정보처리 시스템의 활동으로 나타납니다. 자 이제 인간 정보처리 시스템의 구조와 기능에 대해서 논의해보도록 하겠습니다.

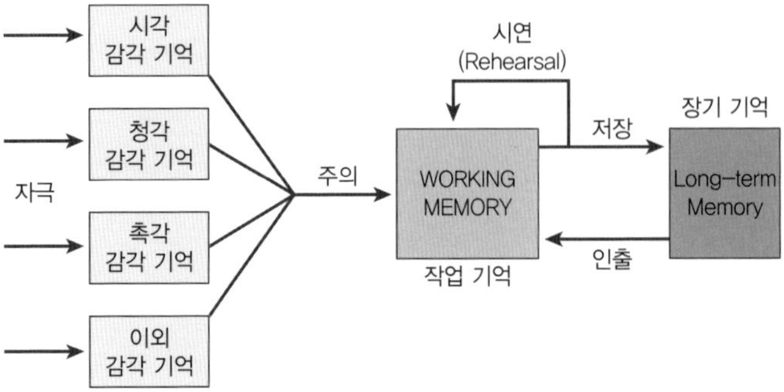

[그림2] 감각 기억, 작업 기억 그리고 장기 기억(Atkinson & Shiffrin, 1968; Baddley, 1986). 시각, 청각, 촉각 등으로 제시되는 외부 자극을 감각기(Sensor)에서 등록하고 이런 결과로 감각 기억이 생성되며, 감각 기억에 등록된 것 중에서 현재 작업하고 있는 것의 일부분이거나 관심있는 것에 선택적으로 주의(Selective Attention)를 기울여 뽑아내서 작업 기억(Working Memory)으로 그 내용을 전해줍니다. 작업 기억에서는 단어와 같은 내용 정보를 반복적으로 되뇌이고 리허설(Rehearsal)해서 장기 기억(Long-term Memory)으로 넘겨줍니다. 작업 기억에 있는 단어와 같은 내용 정보를 리허설하지 않으면 1분 2분 내에서 망각됩니다. 그래서 작업 기억에서의 리허설 반복은 작업 기억 내에 내용 정보를 유지하는 것을 위해서도 필요하고, 장기 기억으로, 반영구적인 기억으로 넘겨주는 것에도 필요합니다. 반복 리허설(Rehearsal)이라는 것은 결국 암기해야 하는 내용을 계속 반복해서 외우는 것과 같은 의미입니다.

위의 [그림2]에서 보시면 가운데에 작업 기억Working Memory이 있고, 오른쪽에 장기기억, Long-term MemoryLTM가 있습니다. 작업 기억, Working Memory는 현재 내가 생각하고, 연습을 하고 있고, 사고하는 내용들을 다루는 Memory입니다. 작업 기억에 있는 정보는 암송되지 않으면 몇 분 이내에 사라집니다. 그래서 이곳에 학습의 결과가 남는다고 보기는 어렵습니다. Long-term Memory는 정보가 거의 반영구적으로 저장되어 있는 것을 의미합니다. 그러니까 우리가 무엇을 배웠다고 하면, 현재 쓰고 있는 것이 장기 기억, Long-term Memory로 넘어 와야 되는 것이죠. 그래야 학습이 일어나서 기억으로 남는 것이죠. 장기 기억은 새로 배우지 않아도 이전에 경험했던 사건을 재현할 수 있도록 해주는 지식 같은 기억인 것입니다. 학습의 결과로 남는 것이죠. 작업 기억에는 우리가 현재 지금 경험하고 있는 내용들이 떠올라 있고, 그 내용을 가지고 우리는 말한 내용을 이해하기도 하고, 문제를 풀기도 합니다. 작업 기억은 흔히 말하는 인지 활동을 하는 곳입니다. 그래서 계속 주의를 기울이면서 리허설 혹은 되뇌기를 하지 않으면 정보를 오랫동안 기억하지 못합니다. 오랫동안 기억하는 것이 작업 기억의 주된 목적이 아니고 인지 작업을 행하는 곳이기 때문입니다. 그래서 의식적인 생각을 통해, 주의를 기울여서 계속하고 있지 않으면 작업 기억에 있던 내용은 몇 초 혹은 몇 분 안에 사라지고 맙니다. 그래서 무언가를 배우려면 경험하고 있는 내용을 작업 기억에만 두면 안 되고, 장기 기억으로 넘겨야 지금 배운 내용을 내일이나 혹은 다른 날에도 다시 배우지 않고도 알게 됩니다. 이것이 바로 학습한 내용을 기억으로 남기는 것이고요. 다시 보거나 배우지 않고도 우리는 기억을 이용해서, 장기 기억을 이용해서 아는 것입니다. [그림2]에서 감각기Sensor는 들리는 말소리를 청각 담당 뇌에 등록하거나(즉, 청각 감각기의 역할), 책에 쓰여 있는 단어를 시각 담당 뇌 부분으로 탐지하여 기록하는 일을(즉, 시각 감각기의 역할) 담당합니다. 최초로 외부 세계와 만나는 부분이죠. 감각기는 감각한 청각 단어 혹은 시각 단어를 가지고 있다가 작업 기억으로 넘겨주는 작업을 진행합니다. 작업 기억은 감각기로부터 내용 정보를 받기도 하고 장기 기억과 내용 정보를 주고받으며 상호 작용하기도 합니다.

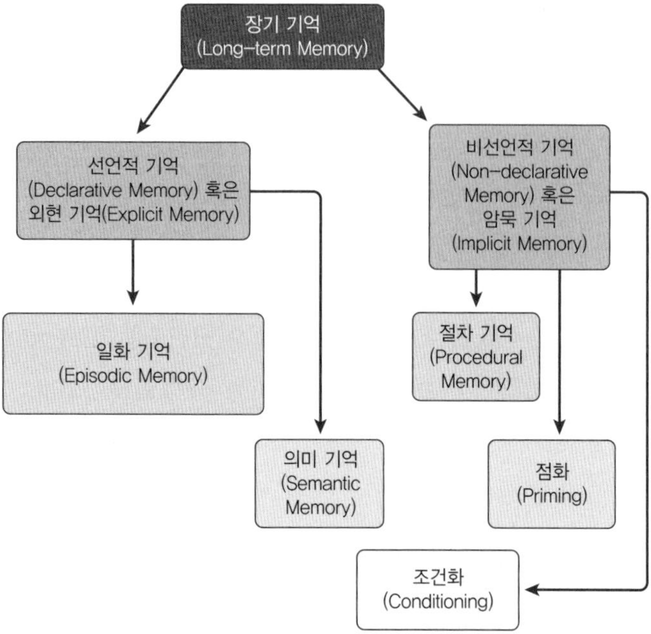

[그림3] 인간의 기억 구조(Slotnick, 지음/남기춘 옮김, 2021 참고). 장기 기억은 마음대로 조절이 가능한 선언적 기억(Declarative Memory)/혹은 명료 기억(Explicit Memory)과 마음대로 조절이 되지 않는 그렇지만 경험한 것을 기억도 하고 있고 기억된 것을 거의 반사적으로 이용할 수 있도록 도와 주는 비선언적 기억(Nondeclarative Memory)/혹은 암묵 기억(Implicit Memory)으로 크게 2종류로 분류됩니다. 성인이 단어를 암기할 때는 주로 선언적 기억(Declarative Memory)/혹은 명료 기억(Explicit Memory)이 중요한 역할을 담당하고 단어를 알아듣거나 단어 의미가 자동적으로 활성화되거나 등은 주로 비선언적 기억(Nondeclarative Memory)/혹은 암묵 기억(Implicit Memory) 등을 통해 일어납니다.

'영어 단어'라는 말을 감각기로부터 받으면, '영어 단어'가 무슨 의미인지를 장기 기억을 뒤져서 찾아내오고([그림2]에서 인출, retrieval을 의미합니다), 장기 기억에서 작업 기억으로 불러 내온 '영어 단어'는 읽고 있는 문장에서 주어 역할을 하고 있다는 사실을 작업 기억에서의 언어 심리 정보처리를 통해 알아낸 후에 그 내용을 장기 기억으로 저장하기도 합니다([그림2]에서 저장, storage를 의미합니다). 그러니까 학습은 감각기, 작업 기억, 장기 기억의 상호작용으로 이루어지고 학습된 결과물은 장기 기억으로 남는 겁니다. 외국어 학습이든 축구공을 차는 방법을 학습하는 것이든 모든 학습이 이런 과정을 거치게 되는 것입니다. 새로 학습하는 것은 감각기를 통해서 작업기억으로 그리고 장기 기억으로 넘어 가는 것이고, 배워서 알고 있는 지식이나 기술을 사용하는 것은 장기 기억에서 해당 정보를 이끌어 내서 작업 기억에서 정보처리하는 것입니다. 이렇게 보면 작업 기억이 인간이 행하는 거의 모든 인지 활동의 중심이라고 볼 수도 있습니다. 그래서 작업 기억은 뇌에서도 우리의 뇌 기능을 조정하고, 선택하고, 관리하는 뇌 영역, 특히 전전두엽 Prefrontal Lobe이 중요한 역할을 담당합니다.

학습은 경험한 내용을 감각기에 최초로 등록한 이후에 작업 기억과 해마Hippocampus를 거쳐서 의식적인 노력을 통해 일어나기도 하고, 무의식적인 수준에서 일어나기도 합니다. 아래에서 설명하겠지만 의식적인 노력을 통해 일어나는 학습은 해마를 거쳐서 일어납니다. 우리 같은 Non-Immersion-L2 학습자들은 주로 의식적인 노력을 통해 영어 단어와 같은 영어 지식을 장기 기억에 저장합니다. 반면에 모국어를 획득하는 상황은 이러한 의식적인 노력 없이도, 작업 기억과 해마의 역할이 없이도, 감각기에 등록된 언어 정보가 바로 암묵 기억과 같은 형태의 장기 기억으로 남기도 합니다(남기춘(역), 2021 참고).

인지심리학이 대략 한 1960년대부터 본격적으로 시작되었습니다. 근 80년 정도 연구가 이루어졌네요. 아시는 것처럼, 인지 심리학은 물체를 어떻게 지각하는지, 주의는 어떻게 작용하는지, 학습과 기억 생성의 원리는 무엇인지, 언어를 배우고 듣기 이해 등은 어떻게 일어나는지, 문제 해결이나 추론이 일어나는 과정은 무엇인지 등의 주제를 자연 과학 실험처럼 연구하는 학문 분야입니다. 철학의 인식론에 해당되는 문제들을 자연과학에서 주로 사용하는 실험 연구법으로 연구하는 분야입니다. 1960년대초부터 인지 심리학에서 많이 연구되어 온 분야가 학습Learning과 기억Memory입니다. 우리가 생각하고 있는 것에서 Long-term Memory(줄여서 LTM으로 부릅니다)로 어떻게 하면 잘 옮길 수 있는지에 대한, 이런 연구들이 상당히 많이 이루어졌습니다. Long-term Memory도 지금[그림2]에서 보시는 것처럼, 선언적 기억, Declarative Memory라고 하는 것과 그 옆에 쓰여 있는, 비선언적 기억 혹은 암묵 기억, Nondeclarative 혹은 Implicit Memory라는 기억으로 구성된다고 이야기합니다. 그러니까 Long-term Memory도 크게 보면, 선언적 기억, Declarative Memory라고 하는 것과 비선언적 기억, Nondeclarative Memory로, 두 종류로 나누어져 있는 겁니다. 이런 장기 기억은 컴퓨터에서 하드디스크처럼 정보와 기술을 보관하고 있는 기억 장소라고 볼 수 있습니다. 뇌의 한 영역이 장기 기억 정보를 가지고 있지 않고 정보의 성격에 따라 뇌 전역에 퍼져있는 영역들이 장기 기억 정보를 가지고 있습니다. 그래서 뇌의 한 부분을 다친 뇌 손상 환자는 특정 종류의 기억은 잃어 버리는데 다른 기억은 온전한 것입니다. 다친 뇌 영역이 가지고 있던 정보만 사라지는 것이죠.

선언적 기억Declarative Memory이라고 하는 Memory는 여러분이 떠올리려고 하면 떠오르는 Memory예요. 그러니까 내가 통제Control할 수 있는 Memory예요. 선생님들, 어제 저녁에 맛있는 것을 드셨나요? 누구와 몇 시에 어디서 드셨죠? 이런 내용이 선언적 기억에 들어가 있는 겁니다. 또 선언적 기억 중에도 밑에 보시면, Episodic Memory일화 기억라고 있는데, 이 일화기억, Episodic Memory에 들어가 있는 겁니다. 여기는 언제 어디서 누구와 무슨 일을 했는지를 기억하는 Memory이고요, 일상에서 일어났던 에피소드를 기억하는 곳이지요. 그러니까 선생님들 교실에서 학생들이 오늘 수업을 받게 되면, 그 때 배운 내용이 처음에는 모두 다 일화 기억, Episodic Memory로 들어오게 되어 있죠. 오늘이 27일이죠? 27일 오후 2시에 영어 루키코스Rookie Course에서 Listening하는 것으로 그 내용을 들었으면, 그 내용이 일화 기억, Episodic Memory로 들어오는 겁니다. 그 다음에 그 옆에 보면 의미 기억, Semantic Memory라고 보이는데 이 Memory는 일반화된 지식 기억World Knowledge이에요. 1+1은 얼마죠? 2인거 아시죠. 그거 어디서 배운 거예요? 누가 알려준 거예요? 기억 못하죠. 그렇지만 그 내용, 지식에 대해서는 알죠. 이런 것은 의미 기억에 저장되어 있던 일반화된 지식을 이용한 겁니다. 그러니까 영어 단어의 뜻이라든지 또 어떤 문법의 내용이라든지 이런 것들은 언제 배웠는지는 생각나지 않고, 구체적으로 언제 누구에게서 배운 건지는 모르지만 하여튼 알죠. 그런 것들이, 일반화된 지식이 의미 기억, Semantic Memory에 들어가 있는 겁니다. 의미 기억의 일반화된 지식은 한 번으로는 잘 만들어지지 않고 여러 번 어쩌면 수십 수백 번의 반복을 통해서 생성됩니다. 그러니까 처음에 작업 기억을 거쳐서 장기 기억으로 들어오면, 그 내용은 대부분이 일화 기억에 남고 아주 조금은 의미 기억을 포함한 다른 장기 기억에 기록됩니다. 그리고 그 내용을 반복해서 암기 훈련을 하든 아니면 매일 매일 마주치든, 여러 번 경험하게 되면, 처음 경험했던 에피소드에서 언제와 어디서와 같은 구체적인 정보는 떨어져 나가고 핵심 내용 정보만 남아서 의미 기억에 등록되는 겁니다. 의미 기억에 경험 내용이 등록되고 나면 언제 배웠는지는 모르지만 그 내용은 아는 그런 기억으로 남는 것이지요. 우리가 외국어인 영어 단어나 문법을 배우면 당연히 처음에는 일화기억으로 대부분 기억되다가 연습을 더 많이 하면 의미 기억 같이 배운 시기 등은 기억나지 않지만 내용은 아는 기억으로 바뀌는 것이지요. 나중에 더 이야기할 것이지만 영어를 배워서 매우 능통해지려면 배운 내용이 일화 기억에 대부분 남아 있으면 안 되고 의미 기억이나 나중에 논의할 비선언적 기억의 암묵 기억이나 절차 기억으로 넘어와야 합니다. 흔히 '회상한다' 혹은 '기억한다'와 같은 경험은 일화 기억의 내용을 인출해 내는 것이고, '그 내용을 이해하고 안다'와 같은 경험은 의미 기억의 정보를 이용하고 있는 것입니다. 외국어 문법을 힘들게 배웠던 기억이 있는데, 이런 기억은 일화 기억의 일부로 보아야 하고, 모국어인 한국어 문장을 보고 문장 분석을 거의 무의식적으로 할 줄 아는 것은 대부분 의미 기억의 정보를 이용하는 것으로 보아야 합니다. 일화 기억과 의미 기억을 이제 구분하실 수 있으시겠죠?

일화 기억, Episodic Memory와 의미 기억, Semantic Memory는 내가 통제할 수 있고 내가 떠올리려면 떠오를 수 있는 이런 기억입니다. 내 의식 선상에서 내 마음대로 조절이 가능한 기억입니다. 정리해보면 처음 접하는 일상의 에피소드를 작업 기억의 손을 거쳐서 일화 기억으로 남게 되고, 그러면 오랜 시간 동안, 몇 시간 동안 혹은 몇 년 동안 잊어 먹지 않고 기억할 수 있게 되고, 유사한 일이 반복해서 일어나면 언제 어디서 누구에게 그 내용을 배웠는지 혹은 들었는지는 기억나지 않고 내용만 아는 의미 기억, 일반화된 지식으로 남는다는 것이죠. 그러니까 우리는 무슨 말을 들으면 그 때의 에피소드도 배우고 기억하고 일반화된 지식으로 남는 내용도 배우고 기억하게 된다는 의미입니다. 이후에 논의할 것이지만 일화기억은 해마가 많이 관여하여 생성하고, 의미 기억은 측두극, Temporal Pole이라는 영역이 핵심적인 역할을 합니다.

그리고 [그림3]의 왼쪽 옆에 보면 Nondeclarative Memory비선언적 기억, Implicit Memory암묵 기억, Procedural Memory절차 기억 등이 보이는데, 이 Memory는 내가 떠올리려고 해도 내 마음대로 안 돼요. 앞에서 말했던 의미 기억처럼, 언제 배웠는지도 잘 모르겠고요. 그런데 아는 거예요. 의미 기억하고 다른 점은 내가 떠올리고 노력한다고 해서 떠오르고, 기억 속에 떠올라 있는 내용을 없애 버리려고 해도 마음대로 잘 안 된다는 것입니다. 즉 내 마음대로 통제가 잘 안 되는 특성이 의미 기억과 다른 점입니다. 요즘은 잘 안 그렇지만 예전에 우리나라 전력사정이 되게 안 좋고 그럴 때는 저녁때 밥을 먹는 중에 전기가 많이 나가고 그랬어요. 그러면 급하게 초를 찾고 그랬었죠, 그렇죠? 그러면 깜깜한데서 밥을 먹곤 했는데, 깜깜한데서 밥을 먹는다고 해서 숟가락이 입이 아닌 코로 들어갑니까? 입으로 가죠. 손이 움직여서 어느 방향으로 가야 되고, 어느 만큼 거리를 움직여야 되는 것을 알죠. 이런 기억으로 아는 것은 지금 비선언적 기억의 암묵 기억, 절차 기억(Nondeclarative memory의 Implicit Memory, Procedural Memory, Conditioning and Associative Memory 등)에 들어가서 그 기억 내용을 사용하고 있는 거예요. 거의 무의식중에요. 그 중에서도 절차 기억Procedural Memory의 일종인 기술 기억Skill Memory을 주로 사용하고 있는 겁니다. 그러니까 의식적으로는 손동작을 어느 만큼 어디로 움직여야 되는지 알지 못하고 기억해내지 못하지만, 정확하게 손을 움직여서 수저가 입으로 들어오도록 알죠. 내가 걷는 것, 서있는 것, 침을 삼키는 것, 자전거를 탈 줄 알고 운전을 할 줄 아는 것 등 모든 것이 비선언적 기억의 내용을 사용하고 있는 겁니다. 지금 말하고 있는 것, 즉 모국어인 한국어로 말하고 있는 것도 대부분이 비선언적 기억을 이용해서 입니다. 그런데 일부러 배운, 노력해서 외우고 훈련한 외국어인 영어로 말할 때는 한국어로 말할 때와 다르죠. 즉 다른 기억을 사용한다는 것이죠. 모국어인 한국어로는 말할 내용만 생각하면 자동적으로 소리나 문법이 그대로 적용이 돼서 문장이 나오죠. 어떻게 했는지는 잘 모르겠는데 엄청나게 정확하고 신속하게 문장을 생성합니다. 그런데 영어로 문장을 말하려면 일부러 노력을 해야 만들 수 있습니다. 모국어와 외국어의 큰 차이가 이거 거든요. 외국어로 말하려고 하면 일부러 생각을 해야 해요. 그러니까 말이 잘 안 되고 느리고 하고 나면 힘들고. 그런데 모국어는 자동적으로 되잖아요. 그게 지금 모국어의 문법, 소리는 Nondeclarative Memory 그 중에서도 절차 기억Procedural Memory의 기술과 절차에 대한 기억 내용에 들어가서 있고 이 내용이 사용되고 있는 거예요. 당연히 영어를 공부하는 우리는 모국어인 한국어처럼 비선언기억을 주로 사용해서 별 노력 없이도 영어를 거의 자동적으로 알아 듣고 또는 말하고 싶습니다. 내용만 고민해서 생각해 내면 영어 문법이나 소리는 자연적으로 발생돼서 말하는 그런 영어 능력자가 되고 싶죠. 문제는 어떻게 하면 그렇게 될까 인데 쉽지는 않죠. 이런 경우에 영어에 대한 지식은 많은 부분이 일화 기억, 의미 기억 등에 지식으로 남아 있고 절차 기억의 언어심리 정보처리 기술Psycholinguistic Information Processing Skill로는 조금 밖에 남아 있지 않은 상황입니다. 성인 학습자로, 즉 모국어를 완전하게 획득한 이후에 외국어 영어를 학습하는 경우에, 가장 관건이 되는 부분이 이 부분입니다. 어떻게 하면 선언적 기억에 남아 있는 영어 지식을 언어심리 정보처리 기술Psycholinguistic Information Processing Skill을 기억하고 있는 비선언적 기억으로 전이 시킬 수 있을 것인가에 관한 것입니다. 우리가 영어 단어도 많이 알고, 문법도 많이 압니다. 그런데 영어로 말을 알아듣지 못하겠고 말을 못하는 이유는 바로 알아듣는 것과 말하는 것의 절차 기억과 암묵 기억인 언어심리 정보처리 기술 기억이 부족하기 때문입니다. 이제부터는 주로 절차 기억과 암묵 기억인 언어심리 정보처리 기술 기억을 연마해야겠어요. 선언적 기억에서 해마와 측두극 같은 핵심 역할을 담당하는 뇌 영역이 있는 것과는 다르게, 비선언적 기억은 감각 영역, 운동 영역, 통합 영역 등과의 연결로, 여러 뇌 영역에 퍼져 있습니다. 비선언적 기억을 처음으로 경험할 때에는, 자전거를 처음 배울 때와 같은 시기에는, 온 신경을 다 기울여야 하기 때문에 주의와 인지 조정 작업을 담당하는 뇌 영역인 전전두엽 등이 많은 역할을 합니다. 그러다가 많은 경험을 통해서 익숙해져서 무의식적이고 자동적인 수준으로 발전

되면, 아무 생각 없이도 자전거를 탈 수 있는 수준이 되면, 주의 등이 필요하지 않고 그래서 주의를 담당하는 뇌 영역인 전전두엽의 활동이 줄어 들거나 없습니다. 현재까지 알려진 사실은 해마와 측두극은 비선언적 기억에 거의 관여하지 않고, 선언적 기억에만 관여한다는 것입니다. 선언적 기억과 비선언적 기억은 이처럼 다른 뇌 영역의 활동으로 나타납니다.

장기 기억의 비선언적 기억인 절차 기억과 암묵 기억을 조금 이야기해볼까요? 나중에도 이들 기억에 대한 이야기가 많이 나와서 구분이 필요할 것 같습니다. 절차 기억은 기술 혹은 도구 등을 다룰 줄 알게 하는 기억입니다. 운전할 줄 아는 것이나 자전거를 탈 줄 아는 것과 같은 기억입니다. 자전거 안장에 앉으면 자전거 페달을 밟고 핸들을 조작하는 방법을 압니다. 그런데 자전거를 처음 배우는 사람에게 자전거 타는 법을 설명해주려면 잘 설명이 안 되죠. 이런 특성이 절차 기억의 속성입니다. 여러 번의 반복된 훈련을 통해서 장기 기억이 만들어집니다. 한 번 배우고 나면 잘 잊혀 지지도 않습니다. 안장에 앉은 느낌이 있으면 나도 모르게 페달을 밟고 자전거를 탑니다. 안장에 앉는 느낌과 같은 1번 조건이 갖추어지면 그와 연관된 2번 반응이 바로 나타납니다. 언어를 말소리로 만드는 과정도 일종의 절차 기억이라고 볼 수 있습니다. 허파에서 바람을 불고, 성대가 울리고, 입 모양이 만들어지고 등등 모든 과정이 신체 기관을 적절하게 움직여야 하는 기술에 해당되기 때문입니다. 절차 기억은 선행 조건과 그 조건에 해당되는 반응으로 구성되어 있습니다. 선행 조건이 만족되면 그에 연계된 반응이 발현되는 형식입니다. 안장의 느낌이 선행 조건이고 그에 따른 반응이 페달을 밟는 것입니다. 하나가 나오면 그와 연관된 action이 이루어지고, 이 action은 다시 조건이 되어 그 다음의 action을 이끌어내는 식으로 절차 기억이 발현되는 것입니다. 그래서 영어 문법 등을 학습할 때, 이런 절차를 연습해야 하고, 그래야지 알고 있는 문법 지식을 사용해서 영어 문장을 알아 듣기도 하고 문장을 말할 수도 있는 것입니다.

이번에는 암묵 기억을 살펴볼까요? 텔레비전 광고에서 반복적으로 나이키 조깅화를 선전하는 거예요. 지금 시청 중인 한일전 축구 경기에 몰두하고 싶은데 중간 중간에 이 신발 광고가 자꾸 나와서 신경이 쓰입니다. 그 광고를 억지로 무시하려고 노력합니다. 조금 짜증이 나죠. 그래도 참고 축구 경기를 열심히 보고 그 신발 광고에는 신경을 끕니다. 며칠 지나서 조깅을 하러 밖에 나왔습니다. 여러 사람들이 힘차게 뛰고 있습니다. 그런데 갑자기 어떤 사람이 신고 있는 조깅화가 눈에 확 들어오고 멋있어 보이는 겁니다. 그 사람의 조깅화를 어디서 많이 본 것처럼 익숙하게 느껴지기도 하고요. 그런데 어디서 보았는지는 생각해봐도 잘 기억이 나지 않습니다. 이런 조깅화 광고에 대한 기억이 암묵 기억입니다. 일부러 학습하지 않으려 했는데도 뇌 어딘가에 기록되어서 친숙함의 효과 혹은 아는 느낌을 갖도록 하는 기억입니다. 유아가 모국어 말소리를 어느 때가 되면 알아듣는 것과 같은 기억이 암묵 기억에 해당됩니다. 암묵 기억이 생기는 데에는 해마가 별 영향을 주지 않습니다. 그래서 해마 손상이 있는 기억 상실증 환자에게도 암묵 학습Implicit Learning과 암묵 기억Implicit Memory은 나타납니다. 방금 전에 설명드린 절차기억도 해마의 영향을 많이 받지 않는 기억입니다. 그래서 기억 상실증 환자도 기술을 가르치면 배웁니다. 이들 기억은 일부러 주의를 기울이지 않아도 생성되고 거의 무의식적으로 배우는 기억입니다. 저는 요즈음에 영어 공부를 다시 하느라고, 미국 라디오를, 특히 말을 많이 하는 뉴스나 토론 같은 방송을 틀어 놓고 책을 읽거나 글을 씁니다. 영어의 소리 패턴이 특히 운율이(말하는 방법입니다) 암묵적으로 제 뇌 청각 영역에 등록되는 것을 기대하면서요. 가끔은 온 주의를 다 기울여서 듣기도 하고요. 효과가 있는 것처럼 보입니다. 여러분도 한 번 해보세요. 구글 등에서 Radio Stations at New York처럼 치면 여러 방송국을 찾을 수 있습니다. 많이 들은 영어 단어가 청각 기관에 들리면, 그 정보는 뇌의 청각 영역에 감각 정보로 등록되고, 이 등록된 정보는 이전에 상호연결고리를 만들고 있던 뇌 영역들의 활성화를 불러 일으키고, 그러면 그 소리가 무슨 단어이며 그 단어와 함께 나타났던 과거의 기억이 활성화되는 형태로 암묵 기억이 사용됩니다. 그래서 굳이 해마의 도움을 받지 않고도 과거에 만들어져 있던 암묵 기억 성분들이 활성화되고 그래서 영어 단어를 인식하게 됩니다.

그러면 이제 우리의 외국어 학습 목표를 구체적으로 설정할 수 있게 되었어요. 일반적으로 역사적인 사실 등을 잘 기억 해내기 위해서는 그런 사실적 내용을 선언적 기억, 일화 기억이나 의미 기억에 잘 넣으면 돼요. 그런데 외국어인 영어를 잘하려고 하면, 영어에 대한 지식이 거기에만 들어가 있으면 안 되고 내가 의식하지 않아도 거의 체화된, 자동화된, 암묵화된 이런 Memory로 넘어가야 해요. 즉, 기술 학습Skill Learning처럼 절차 기억으로 자동화된 쪽으로 넘어가야 하죠. 비선언적 기억으로요. 그게 우리들이 해야 될 숙제입니다. 그러니까 언어 학습은 언어 지식이 선언적 기억에도 잘 남아 있어야 하고 그리고 대부분의 지식은 기술로 전환되어 비선언적 기억으로 넘어와 어떤 습관처럼 남아야 합니다. 이 분야에 대한 연구는 국내는 물론이고 전 세계적으로 봐도 연구가 그렇게 많이 진전이 안 된 그런 분야라고 볼 수 있어요. 대학교 때 선생님들이 이런 강의를 들으셨으려나요? 아마 못 들으셨을 것 같은데요. 그래서 아마 개념이 어렵고 생소하고 상상이 잘 안 되고 그럴 겁니다. [그림4]는 연구가 많진 않아도 그동안 전 세계적으로 발표된 연구들을 모아 요약적으로 정리해서 2018년, 가장 근래에 발표된 연구 논문의 일부분입니다. [그림4]에 설명된 내용을 자세히 읽어 보시기 바랍니다. 이 자료는 아동이 언어를, 모국어를 배울 때와 성인이 모국어가 아닌 다른 언어를 배울 때에 다른 과정을 거친다는 것을 보여주고 있습니다. 아마도 단어를 학습하는 경우에는 아동이나 성인이나 모두 선언적 기억 능력과 큰 상관이 있을 것이라고 추측됩니다. 그러나 문제 해결 성격이 강하고, 수백 수십 번의 경험을 통해서 규칙을 뽑아내야 하는 문법의 경우에는 아동과 성인이 다릅니다. 여기서 말하는 성인은 모국어를 모두 획득해서 잘 사용하고 있는 10대 이상의 사람을 의미합니다. [그림4]의 왼쪽을 보면, 문법 학습의 경우에, 아동은 기억을 사용하지만 그렇게 많이 사용하지 않는 것 같고, 오른쪽의 성인의 경우에는 기억에 크게 의존하는 것 같습니다. 더구나 성인의 경우에 문법 초보자는 선언적 기억에 크게 의존하다가, 즉 생으로 외워서 끄집어 낼 수 있는 일화 기억 능력에 크게 의존하다가, 문법 고급자로 바뀌면 기술 전문가처럼 몸으로 아는 기억, 습관으로 아는 기억에 더 의존한다는 것을 보여 주고 있습니다.

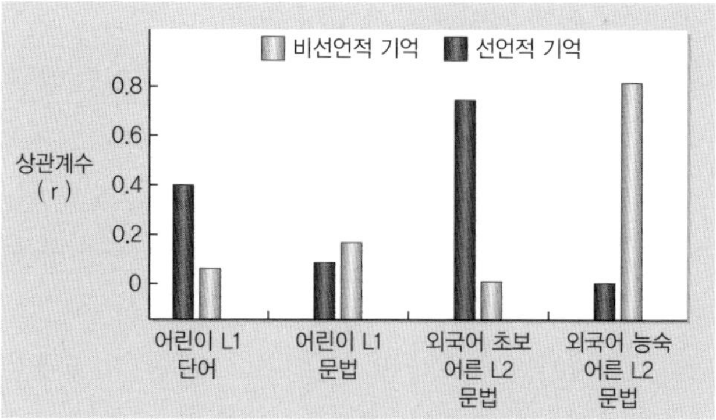

[그림4] 언어 학습 시기와 언어 학습 내용에 따른 선언적 기억과 비선언적 기억 기여도 차이 (Hamrick et al., 2018). 왼쪽 그래프는 어린아이가 모국어의 단어와 문법을 배우는 경우에 선언적 혹은 비선언적 기억이 관계하는 정도를 보여 주고 있으며, 오른쪽 그래프는 모국어를 모두 획득하고 잘 아는 성인이 외국어 문법을 잘 모를 때와 능숙해졌을 때 관여하는 선언적 혹은 비선언적 기억의 역할을 제시하고 있습니다.

조금 더 자세히 살펴볼까요? 왼쪽 그래프는 아동이 모국어(L1) 단어와 문법을 알고 있는 정도와 선언적 기억/비선언적 기억과의 관련성을 나타내고 있습니다. 그래프의 좌측에 표시된 숫자는 각 점수 간의 상관계수를 나타내고 있습니다. 상관계수가 1이면 두 점수 간의 관련성이 완전하다는 의미이고 0이면 아무런 관련이 없다는 의미입니다. 완전하다의 의미는 한 종류의 점수를 알면 다른 점수를 100% 정확하게 예측할 수 있다는 뜻입니다. 함께 동일하게 움직인다는 의미입니다. 플러스 상관은 한 점수가 증가하면 다른 점수도 증가한다는 의미이고, 마이너스 상관은 한 점수는 올라가는데 다른 점수는 내려 간다는 것을 의미합니다. 그래서 상관계수를 해석할 때에는 플러스 혹은 마이너스는 중요하지 않고, 방향성만 이야기하는 것이라서, 절댓값 크기가 중요합니다. 아동이 모국어 단어를 아는 정도는, 선언적 기억 능력과 관련성이 높고, 비선언적 기억인 절차 기억 능력과는 큰 관련성이 없습니다. 왜냐하면 선언적 기억 능력과 단어 능력과의 상관은 대략 0.4로 높고 비선언적 기억인 절차기억과는 상관이 0.1도 안 되니까요. 그렇지만 모국어 문법을 다룰 수 있는 능력 정도는 비선언적 기억인 절차 기억 능력과도 상관이 0.2 미만이라서 관련성이 낮고, 선언적 기억 능력과도 0.1도 안 되게 상관계수를 보이고 있어서, 큰 관련성이 없습니다. 단어 능력 자료와는 대조를 이룹니다. 모국어 문법은 기억 능력과는 관련성이 크지 않고 무언가 다른 인지 요인과 관련성이 더 클 가능성을 시사합니다. 오른쪽 그래프는 어른이 외국어(L2) 문법을 알고 있는 정도와 선언적 기억/비선언적 기억과의 관련성을 나타내고 있습니다. 성인 그래프에는 단어 능력 자료는 없고 문법 자료만 제시되어 있습니다. 외국어를 공부한 경험이 적어서 능숙하지 않은 집단의 경우에는 선언적 기억, 즉 일화 기억과 의미 기억 능력과의 관련성이 높았고, 상관계수가 0.6 정도로 높았고, 비선언적 기억과는 상관이 거의 0으로 아무런 관련성이 없습니다. 반대로 외국어를 오랫동안 학습해서 능숙한 집단에서는 비선언적 기억의 절차기억과의 관련성이 상관계수 0.6 정도로 매우 높았고 선언적 기억과는 상관이 거의 0으로 관련이 없습니다. 이런 결과는 성인이 외국어를 배울 때에는 문법의 경우에도 선언적 기억과 비선언적 기억을 적극적으로 사용한다는 것을 의미합니다. 또한 초보에서 능숙으로 변할 때에도 선언 기억인 일화 기억에서 비선언적 기억인 절차 기억으로 전이된다는 것을 의미합니다. 어린 아동이 모국어를 배우는 경우와는 차이가 있죠? 모국어 문법 학습은 통상적인 학습 과정을 거치고 않고 다른 어떤 방법을 사용하고 있고(사실 이런 사실에 대해 여러 설명들이 있지만 현재까지는 분명하지는 않습니다), 성인의 외국어 문법 학습은 해마를 거치는 일반적인 학습 과정을 통해서 이루어지는 것처럼 보입니다. 모국어를 모두 획득한 이후에 외국어를 학습하는 경우에는, 의식적인 노력을 통해서, 작업 기억과 해마를 거쳐서 장기 기억의 일화 기억과 의미 기억에 등록되는 기억 과정을 거친다는 의미입니다. 한국에서 학교와 학원 등에서 영어를 외국어로 배우는 Non-immersion-L2 학습자인 우리들의 경우에 해당된다고 볼 수 있겠습니다.

[그림2]의 결과와 유사한 결과가 우리나라 대학생을 대상으로 한 제 연구실의 결과에서도 나타났습니다. 대학생 참여자는 매일 1시간씩 16일 동안 외국어인 영어 문법을 학습하였습니다. 'I ate pizza for my dinner in my room last night.'와 같은 문장을 컴퓨터 화면에 제시합니다. 참가자들은 제시된 문장이 자연스러운지Sentence Naturalness를 판단해서 자연스러우면 반응 키Response Key를 가능한 빨리 누르고 자연스럽지 않으면 반응하지 않습니다. 저희는 이런 과제를 Go-Nogo 과제라고 부릅니다. 예스Yes일 때만 반응하라는 것입니다. 이렇게 실험을 세팅한 이유는 다음과 같습니다. 첫 번째로, 문법 지식Grammatical Knowledge을 주로 학습하는 것이 아니고 문장을 분석해서 의미를 추출하는 과정을, 언어 지식을 사용해서 문장을 이해하는 언어심리 정보처리 기술Psycholinguistic Processing Skill을 획득하는 것에 목표가 있었기 때문입니다. 실제로 언어 지식을 운용해보고 그 운용 기술을 학습하도록 유도하기 위해 'Go-NoGo' 과제를 이용한 것입니다. 두 번째는 미국 현지에서는 문법적으로 옳지 않은 것도 많이 사용됩니다. 현지에서 사용되는 문장의 구조 특징을 배우는 것이 목표이지 언어학자나 수험생이 필요로 하는 문법을 배우는 것이 아니기 때문입니다. 그래서 자연스러

운지를, 즉 미국에서 사용되는지를, 판단하게 유도한 것입니다. 문장의 자연스러움을, 미국 현지에서 통용되는 암묵적인 원리Implicit Grammar Property를 학습하는 것이 목표이지 틀린 것을 찾아 내는 것이 목표가 아니기 때문입니다. 참가자는 자연스러운 문장에 대해서만 반응하도록 세팅한 것입니다. 저 혼자만의 생각인지 모르겠지만, 우리는 늘 학교에서 교육받을 때 옳지 않은 것을, 틀린 것을, 찾아내는 언어 지식에 초점을 두고 공부를 했던 것 같습니다. 예를 들면 '아래의 영어 문장 중에서 어법에 맞지 않는 문장을 고르세요'같은 시험 문제요. 이런 결과로 틀린 문장을 찾아내는 영어 시험에서는 우수한 성적을 내지만 아이러니하게도 실제로 영어로 듣고 말하고 쓰기에는 어려움이 있습니다. 무언가 잘못된 것이 있지 않나 생각을 해봅니다. 그래서 이 실험에서는 처음부터 틀린 것에는 신경 쓰지 말라고, 옳은 것에만, 정상적인 문장 패턴에만 집중하라고 Go-Nogo과제를 선택한 것입니다. 실험 참가자들은 문장이 자연스러운지를 판단하는 것에 덧붙여서 선언적 기억 검사와 비선언적 기억 검사도 수행하였습니다. 선언적 기억 검사에서는 지금 제시된 문장을 학습할 때에 본 적이 있는가를 판단하는 문장 재인 검사Sentence Recognition Task를 실시하였고, 비선언적 기억 검사에서는, 암묵 기억 검사Implicit Memory Task에서는 학습하거나 하지 않았던 문장의 일부를 제시한 후에 그 다음에 이어질 말은 무엇인지 적어보라고 하는 식으로 이루어졌습니다. 문장 재인 검사에서는 학습 시기에 나왔던 문장을 맞추는 정도를 측정했고요, 암묵 기억 검사에서는 문장의 일부를 보고 나머지 부분을 메울 때에, 학습했던 문장의 일부를 사용해서 얼마나 자주 문장의 나머지 빈 부분을 채우는지를 평가한 겁니다. [표2]에

제 연구실의 결과를 제시하였습니다. 지금 보시는 결과는 판단하는데 걸린 시간과 기억의 정확성을 기준으로 분석한 것입니다. 아래 [표2]는 대개 저희 분야의 논문에서 사용하는 양식을 따라서 표현한 것입니다.

	선언적 기억 (문장 재인 기억 검사)	비선언적 기억 (문장 암묵 기억 검사)	문장 자연스러움 판단 시간
선언적 기억 (문장 재인 기억 검사)	1	0.2	−0.6
비선언적 기억 (문장 암묵 기억 검사)	0.2	1	−0.8
문장 자연스러움 판단 시간	−0.6	−0.8	1

[표2] 문장 자연스러움 판단 시간, 선언적 기억(문장 재인 기억 검사), 비선어적 기억(문장 암묵 기억 검사)의 상호 상관. 숫자는 상관계수를 나타내고 있습니다.

[표2]의 결과가 흥미롭네요. 우선 문장을 이해하는 능력이 기억 능력과 상관이 매우 높습니다. 선언적 기억과 비선언적 기억 능력이 −0.6과 −0.8로 매우 높습니다. 당연한 결과인가요? 왜냐하면 4주간 일정 수의 영어 문장을 이해하고 자연스러운지 판단하는 학습을 한 것이니까요. 그래도 −0.6과 −0.8은 정말로 높은 상관입니다. 여기서 알 수 있는 사실은 기억력이 높은 사람이, 기억력이 좋은 사람이, 영어 문장의 사용법을 더 잘 배운다는 사실입니다. 앞에서 보신 것처럼 모국어를 배울 때는 기억의 역할이 그렇게 크지 않거든요. 마이너스 상관이라는 의미는 선언적 기억이나 비선언적 기억 능력이 높을수록 문장이 자연스러운지 이해하고 판단하는 시간이 짧다는 이야기입니다. 문장을 이해하는 시간이 빠르다는 것은 더 잘하게 되었다는 의미고요. 앞의 [그림4]에서의 결과와 유사한 부분이 많습니다. 제일 유사한 것은 [그림4]와 [표2]의 결과에서 외국어 문장을 이해하는

능력이 성인의 경우에 기억 능력과, 선언적 기억과 비선언적 기억 능력과 관련성이 매우 높다는 사실입니다. 두 연구 모두에서 기억력이 높은 사람이 외국어 문장을 이해하는 능력이 더 높다는 것이지요. 적어도 20세 이상의 성인이 외국어를 배우려고 하는 경우에 기억력이 중요한 역할을 한다고 볼 수 있겠습니다. 앞의 [그림4]의 결과와의 차이점은 선언적 기억과 비선언적 기억 모두와 상관이 높다는 부분입니다. 기억하시는 것처럼 [그림4]에서는 외국어 초보자일 때에는 선언적 기억이 중요한 역할을 하고 고급자가 되면 비선언적 기억이 중요한 것으로 바뀌었죠. [표2]의 결과에서는 두 종류의 기억이 모두 중요한 역할을 한다는 것입니다. 그런데 선언적 기억 보다는 비선언적 기억이 더 중요합니다. 이 부분은 [그림4]의 결과와 어느 정도 유사하다고 볼 수도 있겠네요. 왜냐하면 −0.8로 상관계수가 절댓값이 더 크니까요. 아마도 추측건데, 학습 초기에는, 선언적 기억의 일화 기억이 중요한 역할을 하다가, 후기에는, 3주 정도 학습을 지속하고 나서는 비선언적 기억의 절차 기억 등으로 전이되고 있는 과정이 아닌가 싶습니다(Antoniou, Ettlinger, and Wong, 2016; Ullman, 2004). 4주동안 16일 동안 학습을 한 것이니까 길다고 볼 수도 있겠지만 영어 문장의 문법 등을 학습하기에는 약간 부족한 시간이었고, 그래서 비선언적 기억으로 많이 전이 되지 않았다고 판단되네요.

상관계수를 자승화하면, 즉 (상관계수)^{2}는, 문장 이해 능력의 변화 중에 선언적 기억 혹은 비선언적 기억이 이 변산Variance을 설명하는 비율을 나타냅니다. 선언적 기억, −0.6을 자승화하면 0.36이 됩니다. 외국어 영어 문장의 자연스러움을 판단하고 반응하는 데에 관련된 수많은 변인들Variables or Factors 중에 선언적 기억 능력이 홀로 36%의 변산을 차지한다는 의미입니다. 막강하죠? 유사한 방법으로 비선언적 기억의 상관 계수 −0.8를 자승화하면 0.64이고 이는 64%를 설명할 수 있다는 의미입니다. 물론 선언적 기억과 비선언적 기억이 공통으로 영어 문장을 이해하는데 기여하는 부분도 있습니다. 위의 [표2]를 보면 두 기억 간의 상관이 0.2입니다. 대략 이 상관계수의 자승화는 0.04, 그러니까 4% 이하로 공통으로 영어 문장 이해에 영향력을 가질 것입니다. 정리해서 생각해보면, 선언적 기억과 비선언적 기억이 차지하는 비율은 공통으로 설명하는 부분 4%를 제거하더라도 무려 96%를 설명할 수 있다는 것입니다. 기억의 영향력이 절대적이라고 봐야겠죠. 적어도 현재 진행한 실험 세팅 상황에서의 외국어 문장의 자연스러움 판단 학습에서는 통상적인 학습에 관여하는 두 기억의 영향력이 절대적이라는 의미입니다. 이처럼 기억력이 외국어 학습에 절대적인 영향력을 갖는 부분이 모국어의 문법을 배울 때와 상당히 대비되는 부분입니다. 다른 방향으로 생각을 전개해 보면, 외국어 학습을 설계할 때에는 작업 기억에서 장기 기억으로 전이시키는 효과적인 방법을 적극 사용해야 한다는 것 입니다. 다행히도 학습 심리학, 인지 심리학, 인지 신경과학 연구에서 학습과 기억에 대한 연구가 상당히 깊게 많이 이루어졌다는 것입니다. 우리가 해야 할 일은 이런 학습과 기억에 대한 기초 연구 결과를 언어 학습의 특성에 맞도록 조정해서 응용하고 적용하는 작업입니다. 이런 작업도 쉽지는 않지만요.

위에서 선언적 기억과 비선언적 기억이 외국어 학습에 절대적인 역할을 담당하는 것을 살펴보았어요. 이번에 이런 종류의 책을 처음 내는 거니까, 기억 구조와 언어 학습과 관련된 내용은 이런 정도만 해요. 그 다음에 이제 뇌에서 그러면 조금 전에 장기 기억, Long-term Memory, 그게 일어난다고 했는데, 어떤 과정으로 일어나는 건지 살펴봐요. 그러면 외국어 학습 스케줄Foreign Language Learning Schedule을 디자인할 때 도움이 될 것입니다. 작업 기억에서 정보가 장기 기억으로 넘어오면 해마를 포함한 내측 측두엽Medial Temporal Lobe이 장기 기억의 응고화에 매우 중요한 역할을 담당합니다. 특히 해마가 그 핵심적인 역할을 담당합니다. 해마는 학습한 내용이 어떤 상황에서 일어났는지 여부와, 즉 언제 어디서 등의 상황 정보와 내용 정보, 예를 들면 단어의 철자 혹은 소리 같은 정보를 엮어서 하나의 에피소드를 구성하는 역할을 합니다. 그리고는 상황 정보와 내용 정보를 저장해야 하는 뇌의 영역들에 그 정보를 보내고 저장하도록 합니다. 언제는 시간과 관련된 영역으로 보낼 것이고 어디는 위치와 관련된 뇌 영역으로 보냅니다. 단어의 내용 정보인 철자는 뒤통수 부분의 시각 담당 영역으로 보내고 단어의 발음 정보는 귀 근처에 위치한 청각 담당 영역으로 보냅니다. 그리고 그 영역들과의 연결을 형성합니다. 해마의 이런 작업은 주로 일화 기억과 관련된 것들이겠죠. [표2]에서 선언적 기억과 문장 정보처리 간의 상관이 -0.6이었습니다. 아마도 이 상관계수는 해마가 만들어낸 일화 기억의 능력을 대변하는 것이라고 생각합니다. 실험 참가자 학생들의 일화 기억에는 "처음 보았을 때 틀린 것으로 판단했었지, 그 문장의 의미는 친숙한 것이지, 이 단어는 어제 내가 암기했던 단어이지, 3형식의 문장이네, 시제에서 틀렸었어 지난 번에" 등을 기억하고 있었겠죠. 그래서 해마가 기억에서 이런 역할을 담당하기 때문에, 해마에 손상이 있으면 새로운 기억을 만드는데 장애가 나타나는 거고요. 해마에 손상을 입은 기억 상실증을 보이는 환자의 기억 행태를 보면, 방금 전에 의사 선생님과 만났던 사실을 기억하지 못하지요. 이처럼 해마는 장기 기억을 만드는 역할을 합니다. 장기 기억을 만드는 작업을 응고화Consolidation라고 부르고요. 작업 기억에 정보가 유지되는 것은 응고화라고 부르지 않습니다. 그저 활성화된 정보를 유지하고 있는 것이라고 말하고, 지금 하고 있는 인지 작업이 끝나면 그 정보는 작업 기억에서 사라집니다. 그래서 작업 기억에 있는 정보를 학습해서 기억했다라고는 말하지 않습니다. 응고화는 장기 기억에만 사용하는 용어입니다. 일화 기억, 의미 기억, 비선언적 기억 등에도 응고화가 일어나야 합니다. 그래야 이들 기억이 생성되니까요. 그런데 각각의 장기 기억에서 일어나는 응고화 방법에는 차이가 있습니다. 일화 기억은 해마와 다른 뇌 영역들과의 연결로 주된 응고화가 이루어지고, 의미 기억을 포함한 다른 장기 기억들은 뇌 영역들끼리의 연결로 응고화가 완성됩니다. 조금 더 자세한 내용을 공부하고 싶으시면, 참고 문헌에 적은 제가 번역한 기억 인지신경과학Cognitive Neuroscience of Memory의 3장을 참고하시면 도움이 될 것 같습니다.

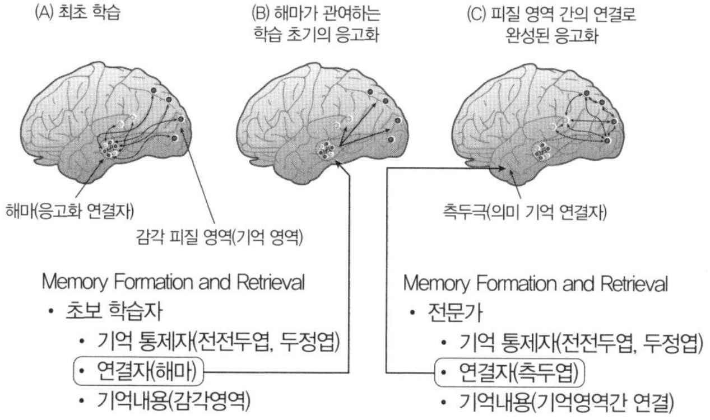

[그림5] 장기 기억 응고화(Consolidation) 과정. (A). 내측 측두엽(Medial Temporal Lobe)의 일부인 해마가 연결자가 되어 감각 영역에 기억 내용을 저장하고 있는 과정을 나타내고 있습니다. 학습 초기 과정에 해당됩니다. (B). 완전하게 응고화되지 않은 기억 내용을 저장하고 있는 감각 영역에서 이끌어 내서 다듬고 더 조직화해서 다시 감각 영역으로 기억 내용을 저장하고 있는 과정을 나타내고 있습니다. (C). 거의 완전하게 기억 내용을 응고화하여 감각이나 운동 영역에 저장하고, 해마의 도움 없이도, 각각의 감각이나 운동 영역들이 연결되어 상호 활성화되는 상태를 나타내고 있습니다. 학습의 마지막 단계입니다. 자동화된 의미 기억이나 암묵 기억화 그리고 절차 기억화된 문법이 단서만 있으면 거의 반사적으로 이용되는 단계입니다.

[그림5]를 볼까요? A번이죠? 부호화라고 되어 있습니다. 저거는 뭐냐면 지금 공부하고 있는 내용을 뇌에 심고 있는 작업입니다. 그래서 그 밑에 어떤 출발되는 지점이 있죠? 그 부분이 바로 해마입니다. 이 해마는 지금 작업을 하고 있을 것인데, 선생님들이 제 말을 들으면서 머리가 되게 복잡할 건데, 해마는 청각으로 들어온 내용 정보를 다듬어서 뇌의 청각 영역이나 의미 영역으로 보내고 다시 받고 하는 응고화Consolidation 과정을 하고 있을 겁니다. 처음에는 청각 기관으로 온 정보가 해마로 오게 됩니다. 해마는 일차적으로 정보를 가공하는 역할을 합니다. 그리고 가공된 것을 어느 기억 창고로, 즉 해당되는 감각이

나 운동 담당 영역으로 넣는 역할을 합니다. 그래서 해마는 가공도 하고 어떤 정보가 어디에 들어가 있는지도 압니다. 그러니까 처음에 정보를 넣을 때도 해마가 아주 필수적인 역할을 하지만, 나중에 정보를 찾아올 때도 필수적인 역할을 합니다. 마치 대학교 중앙도서관에 새로운 책을 만일 구입을 하게 되면, 그 책에 Index 카드를 만들어야 되잖아요. Index 카드를 만들어서 어딘가에 보관을 하죠. Index 카드에는 지금 사온 책이 5층 심리학 서고에, 그 중에도 인지 심리학 서고에 어디에 있다고 하는 것을 그 Index 카드에 지정하고 있죠. 그래서 누군가 책을 찾으러 도서관에 가면, 먼저 Index 카드를 찾고 그리고는 Index 카드를 보고, '아 5층 서고에 심리학 서고에 있구나' 하고 알게 되고, 그리고 지정된 곳에, 5층 심리학 서고에 가서 그 책을 찾아오면 되잖아요. 그것처럼 우리가 어떤 내용을 공부하게 되면 이 공부한 내용이 이렇게 가공 되어야 하고, 가공된 게 어디에 저장되어 있는지를 해마가 갖고 있는 거예요. 그러니까 해마가 만일 망가지게 되면 새로운 내용도 당연히 못 배우는 거고요, 이전에 알고 있던 내용도 못 떠올리게 되는 거죠. 흔히 드라마나 이런 데서 보면 가끔 자기가 누군인지 모르는 기억상실증 환자들이 보이죠. 그런 기억 상실증 환자는 많은 경우에 해마에 손상을 입어서 그런 거죠. 그래서 초기에 일차적으로 학습이 일어나면 해마하고 뇌에 여러 영역하고, 특히 전전두엽과 두정엽, 감각 영역 등이 중요한 역할을 합니다. 감각 영역이나 운동 영역 같은 피질 영역에는 내용 정보가 저장되어 있고, 전전두엽과 두정엽은 기억을 조정하는 역할을 하고, 해마는 응고화하고 인출하고 기억을 다듬는 역할을 합니다. 주로 학습 초기에 형성되는 일화 기억에 관계하는 것이고요. 지금 설명한 그림 밑에 보면 Memory Formation and Retrieval이라고 써 놨는데, Formation생성은 생각하고 있던 것을 기억으로 만드는 작업을 이야기하는 거고(부호화와 동일한 의미입니다), Retrieval인출이라고 하는 것은 기억되어 있는 것을 찾아오는 걸 이야기합니다. 해마가 Memory Formation기억 생성과 Retrieval인출에 절대적인 역할을 수행합니다. 그래서 학습 초기, 처음에 배웠을 때는 해마가 굉장히 중요한, 아주 절대적인 역할을 합니다. 그리고 거기에 기억 통제자Controller라고 적어 놨는데, 앞쪽 이마 부분의 뇌 영역을 이야기합니다. 전전두엽Prefrontal Lobe이라고 하고 두정엽Parietal Lobe이라고 하는 이쪽 뇌가 기억 통제자Memory Controller 역할을 합니다. 통제자라고 하는 두정엽은 후두엽Occipital Lobe 시각 영역의 정보와 측두엽Temporal Lobe의 청각 정보 등, 여러 정보들을 모아서 해석하는 역할을 합니다. 그리고 전전두엽은 '지금 그 내용이 모두 끝났으니까 다음 번 내용으로 가. 그리고 아까 이야기를 들어보니까 그 정보는 뒤쪽에 있어. 둘을 가져와서 합쳐봐. 어떤 뜻이 되나 보게.' 이런 것들을 하는 데가 이 전전두엽입니다. 그래서 기억을 통제하고 있는 부분이 있고, 기억을 연계하고 만들어내는 해마가 있고, 기억 내용을 저장하고 있는 뇌 영역들이 있는 겁니다. 그래서 뇌의 어떤 특정한 영역, 예를 들어 후두엽 쪽에 뇌졸중이나 뇌출혈로 손상을 입으면 시각 실인증Agnosia이 됩니다. 물체를 보고도 그 내용을 저장하고 있는 뇌가 망가졌기 때문에 물체를 알아보지 못하는 그런 실인증이 됩니다. 그래서 뇌의 여러 영역들은 정보를 저장하고 있고, 저장된 것을 매개하는 데가 해마가 역할하고 있는 거고, 전체 통제 시스템이 두 군데가 있어서 이 정보는 여기에 있고 이건 여기에 넣고 얘는 여기서 찾고 하는 역할을 하는 겁니다. 그래서 처음에 우리가 내용을 배우면, 앞에서 설명 드린 것처럼 기억 통제자하고 해마의 역할이 굉장히 큽니다. 당연히 외국어인 영어를 배울 때도, 영어 단어를 배울 때도, 처음에는 해마와 전전두엽과 두정엽이 절대적인 역할을 합니다. 오른쪽에 보시면 이제 B번 그림인데요, B번 그림은 아직 완전하게 응고화되지 않은 기억 내용을 다시 다듬는 과정을 나타내고 있습니다. 여러 감각 영역 등의 피질로부터 새로 배운 영어 단어와 관련된 기억 내용을 해마로 불러들인 다음에, 다듬고 조직화해서 다시 원래의 기억 영역인 피질로 되돌려 보내는 것을 이야기합니다. 이렇게 하면 해마와 기억 영역들 간의 연결도 강화되고 또한 정리됩니다. 해마에 있는 정보와 감각 피질 영역에 저장되어 있는 정보 간의 연결을 강화하는 작업을 합니다. 또 다른 과정은 기억 내용을 담고 있는 피질 영역들끼리의 연결이 해마와 전전두엽의 도움을 받아서 일어나기 시작합니다. 단어의 여러 속성을, 예를 들면 단어의 소리와 철자, 단어의 의미, 단어의 품사 등의 속성을 저장하고 있는 여러 피질 영역들끼리의 상호 연결을 말합니다. A번 그림은 처음으로 영어 단어를 배우기 시작해서 뇌 피질의 후두엽 등 저장 영역에 단어를 해마와 협동하여 저장하는 것을 나타내고 있고, B번 그림은 처음에 기록된 단어 정보를 다시 꺼내서 연습하고 발음과 의미 정보들과 연결하고 필요 없는 것은 잘라내서 재조직화한 다음에 다시 저장 영역 피질로 정보를 재저장하는 것을 의미합니다. 단어 학습의 초반과 중간 간 단계라고 볼 수 있습니다. 이 기간 동안에는 수면도 매우 중요한 역할을 합니다. 잠자는 동안 낮에 학습했던 영어 단어나 영어 문법을 다시 꺼내서 연습하는 것과 유사한 과정을 반복하거든요. B의 과정을 반복하는 것이지요. 보통 잠들고 초반에 이런 일들이 많이 일어납니다. 그래서 잠을 충분히 자는 것이 언어 학습에도 큰 도움이 됩니다.

위에서 설명한 것이 영어 단어를 배우는 과정의 1차와 2차 관문입니다. C번 그림을 보면, 단어의 여러 측면을, 예를 들면 단어의 spell, 발음, 의미 등을 저장하고 있는 피질 영역들끼리 서로 연결됩니다. 저게 마지막으로 되어야 하는 진짜 Memory인 겁니다. C번 단계까지 가야 '정말 학습이 되었다.', '잊어버리지 않는다'가 되는 겁니다. 그래야 새로 배운 영어 단어를 들으면 자동적으로 그 단어가 무엇인지 알고, 듣고 있는 문장에서 그 단어가 목적어 역할을 하고 있는 것을 자연스럽게 이끌어 내고, 다른 노력을 하지 않았는데도 무슨 말을 하고 있는지를 쉽게 알게 되는 것입니다. C번 단계에 오면 해마는 역할을 하지 않습니다. 마치 매일 가는 도서관에 갈 때, Index 카드를 찾지 않고도(즉 해마에게 물어 보지 않고도) 내가 찾고 있는 책을 보관하고 있는 서고로 자동적으로 습관적으로 가서 그 책을 읽는 것과 비슷합니다. 거의 습관화된 자동화된 단계이죠. 영어 단어를 들으면 말소리 형태의 영어 단어가 자동적으로 인식되고 그에 따라 다른 정보를 저장하고 있는 연결된 영역들을 자동적으로 활성화시켜서 모든 내용들을 이용할 수 있도록 됩니다. 그런데 외국인인 우리가 영어 단어를 외우면 일반적으로 B번 단계에 많이 있습니다. C번 단계에 있어도, 초보적인 단계에 있습니다. 그래서 영어를 잘하게 되고, 어떤 내용을 많이 알게 되어서 전문가의 수준으로 되면, 아까 기억 통제를 했던 전전두엽이나 두정엽, 해마의 역할은 줄어듭니다. 대신, 오른쪽 아래의 fMRI 사진에서 밝게 보이는 부분인 측두엽 끝 쪽을 'Temporal Pole측두극'이라 하는데, 이

부위가 어떤 접점 역할을 합니다. 그러니까 만일 해마가 역할을 하다가 측두극, Temporal Pole쪽으로 변화가 일어났다면, 이 사람은 상당한 수준의 Memory가 형성되었다고 할 수 있습니다. 앞 절에서 설명했듯이 일화 기억에 있던 새로 배운 영어 단어 내용이 이제는 의미 기억과 비선언적 기억 혹은 암묵 기억으로 전이된 것을 의미합니다. 측두극은, Temporal Pole은 의미 기억의 허브Hub 역할을 하는 곳입니다(Ullman, 2004). 그래서 만일 우리 학교 혹은 학원에 오는 학생이 영어 단어를 정말 잘 배웠는지 알아보는 방법을 제안해 보자면, 해마와 측두극, Temporal Pole 중 어디의 역할이 큰지를 조사해 보면, 공부된 정도를 뇌를 통해 객관적이고 과학적으로 알 수 있을 것이라는 생각입니다. fMRI사용 비용이 비싸니까, 이런 방법으로 영어 공부 검사를 한다면 돈이 많이 들겠네요. 과학이 더 발달하면 뇌 반응만 측정해보고 이 사람이 영어를 어느 정도나 구사할 수 있는지 알 수 있는 날이 올까요?

위에서 논의한 (A), (B), (C) 과정은 주로 작업 기억, 해마를 거쳐서 일어나는 선언적 기억과 절차 기억 등의 응고화 과정을 설명하였습니다. 저처럼 Non-immersion-L2 학습자가 외국어인 영어 단어와 문법 등을 배울 때 사용하는 학습과 기억 응고화를 설명하였습니다. 물론 Imsersion-L2 학습자도 의식적으로 학습하는 경우에 위의 과정을 거치겠죠. 그런데 미국 사람이, 모국어 화자가 모국어인 영어를 획득하는 과정은 위의 과정을 사용하기도 하지만 다른 과정, 암묵 학습과 암묵 기억Implicit Learning and Memory을 통해서도 일어나는 것 같습니다. (C)과정이 바로 일어날 수도 있다는 것입니다. 특별히 배우려고 노력하지 않았는데도 어떤 일을 반복해서 경험하다 보니까 그냥 알게 되는 경우에 해당합니다. 갓 태어난 갓난 유아가 특정 말소리와 함께 어머니 얼굴을 마주하게 되면, 이런 일이 여러 번 반복해서 일어나게 되면, 그 유아의 말소리 담당 영역과 얼굴을 담당하는 뇌 영역 간의 직접적인 연결이 생기기도 합니다. 위에서 설명한 암묵 기억의 특성을 기억하시나요? 한일전 축구 경기를 TV로 시청하고 있을 때, 원하지 않는 나이키 신발 광고가 계속 제시되어 짜증나고 무시하려고 노력했는 데도 나중에 조깅하러 나갔을 때 보니까 나도 모르게 자동적으로 나이키 광고가 기억되는 현상 말입니다. 이런 종류의 학습도 가능합니다. 이런 종류의 암묵 학습에서는 주의가 요구되지 않고 해마의 역할도 거의 없습니다. 암묵 기억에서는 기억된 정보의 내용 정보를 의식적으로 알지 못합니다. 또한 암묵 기억에 저장된 정보는 많은 의미를 가지고 있지도 않습니다. 그저 1번 자극이 있으니까 그것과 함께 나타났던 2번 현상이 활성화되는 형태입니다. 나중에는 1번 사실과 2번 사실의 연결이 확대되어 다른 정보와도 연결을 맺겠죠. 그러면 의식 선상에 떠오를 수도 있을 것입니다. 암묵 학습과 기억에는 해마가 많은 역할을 담당하지 않기 때문에 해마 손상이 있는 기억 상실증 환자도 암묵 학습과 암묵 기억 현상이 나타납니다. 저 같은 Non-immersion-L2 학습자도 이런 암묵 학습으로 외국어인 영어를 학습하기도 합니다. 다만 해마를 이용한 학습보다 절대적으로 적을 뿐이죠. 그러니까 모국어를 유아 때 배우거나 Imsersion-L2 학습자가 외국어를 배우는 경우에는 암묵 학습과 암묵 기억이 상대적으로 많이 작동하고 해마 위주의 학습은 적은 것입니다. 반면에 성인이 되어서 외국어를 학습하는 경우에는 대부분을 해마를 거쳐서 외국어를 배우게 되고 암묵 학습으로는 매우 조금 배운다는 것입니다.

이번 섹션에서는 우리처럼 모국어를 모두 알고 새로 외국어를 배워야 하는 후기 외국어 학습자는 외국어의 지식과 외국어의 언어심리 정보처리 기술을 작업 기억에서 장기 기억으로의 전이 과정을 통해서 배운다고 설명하였습니다. 그래서 인간 기억의 구조와 작동하는 방법에 대해 설명하였습니다. 그리고 이런 구조와 과정이 외국어 학습에 어떻게 적용될 수 있는지를 예를 들어 설명하였습니다. 두 번째 섹션에서는 언어 학습이 지니는 특징이 무엇이고 이를 반영한 학습 방법에는 어떤 것들이 가능한지를 논의해 보겠습니다.

조언 2,

특별한 언어 학습

도대체 외국어 학습 왜 이렇게 어려운가?

외국어 정복, 얼마나 많은 시간이 필요한가?

아는 외국어를 말하지 못하는 이유는?

도대체 외국어, 영어 배우기가 왜 이렇게 어려운 것일까요? 정말 어렵습니다. 왜 어려운 것인지를 찾아내면 극복할 수 있는 방법도 찾아 낼 수 있지 않을까요? '특별한 언어 학습'의 이번 섹션에서는 언어 학습이, 그 중에서도 외국어 학습이 다른 종류의 학습과 차별화되는 특성이 무엇인지 그리고 이런 특성이 왜 외국어 학습과 사용을 어렵게 하는지, 극복할 수 있는 방법은 무엇이 있는지 등을 논의해 보려 합니다. 외국어 학습이 어려운 이유는 우선 언어 학습에서 배워야 할 내용이 매우 많기 때문입니다. 내용도 복잡하고요. 성인 외국어 학습자는 매우 복잡하고 많은 양의 외국어 지식Linguistic Knowledge을 배워야 합니다. 언어의 핵심은 단어와 문장이라고 볼 수 있을 것 같습니다. 언어는 의미를 전하는 것이 주목적인데, 단어와 문장이 의미를 전하는 기본이 되는 개체이니까요. 문장에 대해서는 문법을 아는 것이 제일 핵심이겠지요. 물론 문법도 여러 종류가 있지요. 문장 전체에 대해 적용되는 것과 명사구Noun Phrase나 혹은 동사구Verb Phrase에 한정적으로 적용되는 문법도 있지요. 문장 전체와 명사구 등의 언어 단위에 실리는 운율의 법칙Prosodic Rules이 다릅니다. 동사를 명사로 만드는 것과 명사를 동사로 만드는 형태론적인 문법Morphological Rules도 있습니다. 더 어렵게 만드는 것은 이런 여러 종류의 문법이 대원칙은 있지만 적용되는 환경에 따라 변할 수 있다는 것입니다. 이처럼 문장에 대해 적용되어야 하는 문법만 해도 여러 종류로 많이 있습니다. 문법에 대한 것은 잠시 후에 아래에서 조금 더 다루어 보고 우선 단어에 대해 잠깐 이야기해봐요. 단어에 대해서는 우선 많이 알아야겠지요. 단어에 대해 무엇을 공부해야 할까요? 영어 단어의 스펠과 의미를 연합하는 것도 알아야 하고, 영어 말소리와 의미의 연합도 물론 알아야 합니다. 또한 영어 단어의 스펠과 말소리 간의 연관성도 공부해야 합니다. 이 부분을 시중에서는 영어 파닉스, Phonics라고 하지요. 단어에서 제일 중요한 것은 단어가 가지고 있는 지식입니다. 의미, 품사, 활용법, 다른 단어들과의 관련성 등의 지식을 알아야 합니다. 그러니까 영어 단어 하나를 학습하더라도 알아야 하는 내용이 참 많지요? 또한 알아야 하는 단어 수도 엄청 많습니다. 무조건 알아야 하는 필수 외국어 단어 수는 그렇게 많지 않습니다. 무조건 알아야 하는 영어 단어의 예로 'the', 'is', 'not', 'and' 등을 생각해 볼 수 있고, 대략 200여 개만 알면 됩니다. 이런 필수 단어들이 보통의 언어 생활에서 가장 자주 사용됩니다. 그런데 문제는 그렇게 자주 사용되지는 않지만 공공연히 사용되는 단어들이 대략 5,000개 정도 됩니다. 우리를 힘들게 하는 것은 정말로 가끔 독특한 환경에서만 매우 드물게 사용되는 단어들입니다. 이들 단어 수는 엄청나게 많습니다. 미국에서 대학을 졸업한 교양인이라고 볼 수 있는 사람이 대략 한 3

만 단어에서 5만 단어 정도를 안다고 그래요. 우리처럼 성인 외국어 학습자는 대략 3만 개 정도를 알면 충분하지 않을까요? 대학교 다닐 때 Vocabulary 22,000을 도서관에서 외웠던 기억이 납니다. 토플이나 토익을 시험 보려면 이런 정도는 알아야 한다고 해서 열심히 외웠던 기억이 납니다. Vocabulary 22,000을 처음 암기하려면 3개월 정도 걸렸던 것 같습니다. 2번째 공부할 때는 1개월 정도 걸렸던 것 같고, 3번째 공부할 때에는 20일 정도 걸렸던 기억이 납니다. 한 번 암기해 가지고는 단어들이 기억이 나지 않더라고요. 그래서 내리 연속해서 3번 혹은 4번 정도를 암기했습니다. 보통은 영어 단어 스펠, 발음, 그리고 의미를 연합해서 외웠지요. 대학교 3학년 겨울 방학 시작 때부터 4학년 1학기까지 Vocabulary 22,000을 외우고 공부했던 기억이 납니다. Vocabulary 22,000이지만 실제로는 몇천 개 수준이었던 것 같습니다. 하루에 3~4시간씩 매일 6개월 정도 소요되었습니다. 정말 오래 걸리죠? 이렇게 오랜 시간 공을 들여서 Vocabulary 22,000을 공부했는데도 영어 문제는 계속 있더라고요. 아는 단어도 잘 모르는 영어 텍스트, 특히 소설 등에서 나타나는 경우에 해석을 할 수가 없었고, 눈으로 보면 아는 단어인데 미국 사람이 말하는 것을 들으면 못 알아 듣는 문제가 있었습니다. 그리고 조금 더 어려운 책을 보니까 모르는 단어가 수도 없이 많았습니다. 한 줄에도 벌써 2개 혹은 3개 단어를 모르겠더라고요. 단어를 더 많이 외워야 할 것 같고, 그 동안 공부해 온 방법 말고 다른 방법을 사용해야 할 것 같았습니다. 왜냐하면 아는 단어인 데도 조금 생소한 스타일의 영어 문장에 나타나면 해석을 잘 못하겠고, 듣거나 발음하려면 문제가 생기곤

하니까요. 그런데 신기한 것은 토플 문제집에 동의어 혹은 반의어를 고르는 문제에서는 정답을 고를 수 있었습니다. 참 아이러니입니다. 시험 영어에서는 옳게 답을 하는데 실제 상황에서는 잘 사용하지 못하는 영어 단어를 알고 있는 것이지요. 선생님들도 유사한 경험이 있으실 거라고 생각합니다.

어떻게 하면 3만 개 정도의 영어 단어를 효과적으로 암기할 수 있을까요? 인지 심리학과 학습 심리학의 여러 방법을 사용할 수 있을 것 같습니다. 예를 들면 다음 섹션에서 다룰 분산 학습Spaced Leaning 방법을 사용할 수 있을 것 같습니다. 이 방법 외에도 여러 알려진 종류의 효과적인 단어 학습 방법이 있습니다. [그림4]와 [표2]에서 볼 수 있었듯이 후기 외국어 학습자는 단어를 학습하든 문장의 문법을 학습하든 작업 기억과 장기 기억이 엄청 중요한 역할을 담당합니다. 위에서 말한 문법 지식, 단어 지식을 일차적으로 학습해서 장기 기억에 저장해야 합니다. 이때 적극적으로 인간의 기억 특성을 반영하여 최대의 효율성을 나타낼 수 있는 외국어 학습 절차를 개발해내야 합니다.

외국어 학습에서 배워야 하는 언어 지식은 단어와 문법만 있는 것이 아니고, 소리, 의미, 형태소, 운율 등의 또 다른 다양한 지식도 필요합니다. 이런 외국어의 언어 지식이 부족하면 당연히 외국어를 불완전하게 사용할 수 있거나 아니면 사용하지 못하겠죠. 언어 지식은 앞에 설명한 것처럼 처음에는 일화 기억으로 저장될 것입니다. 그 후에 여러 번 학습하게 되면 일반화된 의미 기억으로 전환될 겁니다. 일화 기억에서 의미 기억으로 전환시키는 제 일의 요인은 반복입니다. 몇 번을 그 내용을 반복해서 학습했는지 여부가 가장 중요합니다. 일화 기억을 효과적으로 생성하기 위해서는, 더 많이 생각하고, 학습 내용의 핵심을 분석하고 연결하는 것 등의 활동 중심으로 반복 훈련을 하는 것이 중요합니다. 효과적으로 의미 기억을 생성하려면 다양한 상황과 지금 학습하고 있는 내용을 연결하고, 이미 알고 있는 내용들과의 관련성을 만드는 노력을 하면서 반복을 해야 합니다. 또한 외국어의 언어 지식을 언어심리 정보처리로 생산해내는 과정도 학습해야 합니다. 영어 문법 지식을 사용해서 영어 문장을 만들어야 영어로 말을 할 수 있지 않겠습니까? 영어 문장을 만드는 것과 관련된 것이 언어심리 정보처리 기술Psycholinguistic Information Processing Skill입니다. 당연히 언어 지식을 언어심리 정보처리 기술을 이용하여 문장을 생성해 내는 많은 훈련이 필요하겠죠. 이런 모든 것들을 외우고, 반복하고, 연습하고, 자동화하고 등을 실행하려면 얼마나 어렵겠어요? 그러니 오랜 시간이 걸리죠.

언어 지식 학습에서 제일 황당한 것 중의 하나가, 그냥 생으로 외워야 한다는 것입니다. 예를 들면 'grammar'라는 단어가 영어 문법과 닮았습니까? 아무런 관계가 없습니다. 'grammar'라는 단어가 문법의 어떤 내용을 설명하지 못해요. 그냥 생으로 외워야 하는 겁니다. 여러분, 한자 외워보셨잖아요. 한자를 생으로 외워 보세요. 얼마나 어려운가? 그런 일을 해야 하는 거예요. 그러니까 이놈의 영어 배우기가 엄청나게 어려워요. 수학도 어렵죠. 그래도 수학은 공식대로 풀면 풀립니다. 그런데 외국어인 영어에는 어떤 규칙이 있어요. 예를 들면, 우리는 'a'는 [아]나, [애]나, [에이]라고 발음이 난다고 배우고, 이런 규칙이 있는 것 같아요. 그런데 앞뒤에 무슨 말이 오느냐에 따라서 'a'가 다른 소리로 나요. 그러니까 또 그것 때문에 어렵게 되는 거예요. 그래서 영어를 배우는 것은 6개월을 해서 승부가 나고, 1년을 해서 뭐가 끝나고 이러한 문제가 아닌 거예요. 아까 말씀드린 것처럼 양도 많고, 배워야 하는 종류도 매우 많고, 규칙도 따르지 않으니까 10,000시간을 채워야 하는 거예요. Elaborative하게, 온 주의를 기울여서, 다른 정보들과 적극 연결을 맺으면서, 매일 연습을 하면서, 어느 기간 동안 가야 하는 거예요. 아이가 처음 세 마디 정도 말하는 시기가 언제입니까? 대개 문헌에서는 세 살 정도라고 합니다. 저도 이제 할아버지가 됐습니다. 지금 돌 막 지난 외손자가 있는데, 걔가 엄마를 '엄무'라고 합니다. 그러니까 아직 단어 하나도 발화하지 못하는 것이죠. 대개 세 단어 정도를 말하는 수준에 가면 문법을 사용하기 시작한다고 얘기를 하는데, 그 시기가 대략 세 살 정도입니다. 그럼 아이가 일어나서 잠들기 전까지 하루에 약 16시간에서 18시간 정도 깨어 있다고 가정했을 때, 3년을 계산해보면 그게 대략 10,000시간 정도 됩니다. 그러니까 아이가 모국어인 한국어를 문법 형태로 만들어 내는 데에 10,000 시간, 즉 3년 정도의 시간 동안 한국어 쓰는 상황에 노출되는 것이 필요했던 거예요. 그런데 이미 한국어를 알고 있는 초등학교 3학년 학생이 영어를 유창하게 말을 하려면, 10,000시간 보내기 어렵죠. 그런데 10,000시간 이상을 보내야만 원하는 만큼의 영어가 될 수 있는 거예요. 그래서 영어를 배우기가 엄청나게 어려운 겁니다. 열심히 영어 공부를 해왔는데 지금도 어렵게 느껴지신다고 너무 기죽을 필요 없어요. 지금까지 포기하지 않고 오신 것도 대단한 인내력입니다.

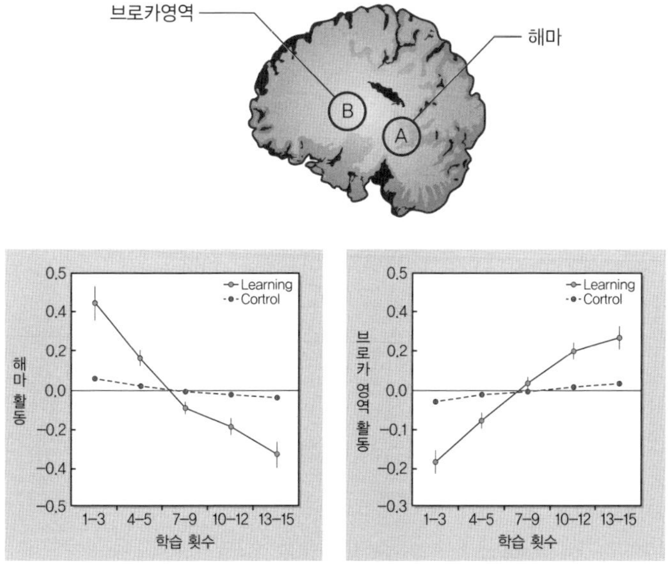

[그림6] 문법 학습 진전에 따른 해마와 브로카 영역의 활동 변화.

지금 [그림6]에 보이는 뇌 그림은 문법을 배우는 실험에 참여한 참가자의 뇌입니다. 왼쪽 함수 그래프의 X축은 '문법을 몇 번 공부했는지'를 나타내고 Y 축은 'A 영역, 즉 해마가 얼마나 활동을 했는지', 그러니까 '초기에 학습할 때 A가 얼마나 활동을 많이 했는지'를 나타냅니다. 오른쪽 함수 그래프는 B 영역, 즉 브로카 영역 활동에 대한 그래프입니다. 여기는 말을 만들어내고, 문법을 분석하고 만드는 영역으로 알려져 있습니다. 언어를 담당하는 영역입니다. 그래서 보시다시피 초기에 문법을 공부할 때는 해마의 역할이 매우 많죠. 오른쪽에 있는 그래프를 보시면, 브로카 영역은 거의 활동을 안 하잖아요. 그런데, 학습이 더 진전되어서 문법을 더 많이 알게 되면 어떻게 되나요? 해마의 역할은 점점 줄어들고 있고, 브로카 영역, 즉 원래 뇌에서 언어를 담당하는 영역의 활동은 점점 많아지고 있죠(Opitz and Friederici, 2003 참고). 지금 저게 뭘 말하는 것이냐면, 해마 쪽에 와서 시각 영역에 혹은 청각 어느 영역에 저장되어 있던 정보가 언어를 원래 처리하는 뇌의 영역으로 옮겨가고 있는 것을 의미하는 거예요. 앞에서 설명했듯이, 선언적 기억의 일화 기억에 있던 문법 지식을 문법을 사용하는 기술의 기억인 절차 기억으로 넘어가고 있는 겁니다. 그래서 일화 기억 형성기, 초기 학습 시기에는, 해마 활동이 많다가 후반기의 능숙한 사용자가 되면 비선언적 기억으로, 절차 기억과 암묵 기억으로 변화가 일어난 것입니다(Grundy, Anderson, Bialystok, 2017). 언어 학습은 이처럼 여러 단계를 거쳐서 여러 뇌 영역 간에 연결이 만들어져야 하기 때문에, 시간도 오래 걸리고 어렵기도 합니다. 뇌 가소성Plasticity이, 훈련에 따른 뇌 구조와 기능의 변화가 여러 번 일어나야 합니다.

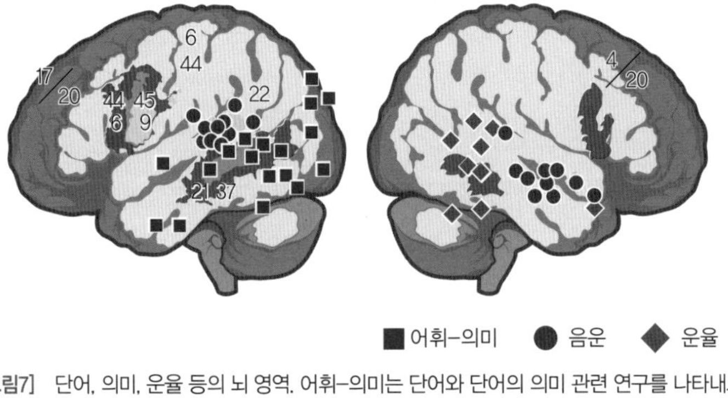

[그림7] 단어, 의미, 운율 등의 뇌 영역. 어휘-의미는 단어와 단어의 의미 관련 연구를 나타내고, Phonemic은 단어의 발음과 말소리 지식에 대한 연구를 나타내며, 음운은 액센트와 같은 단어에 적용되는 운율 관련 연구를 나타냅니다. 이들 연구들을 모아서 공통적으로 활동하는 뇌 영역을 표시한 것입니다. 손으로 쓴 숫자는 브로드만 영역을 의미합니다.

[그림7]에서 왼쪽 그림은 왼쪽 뇌의 측면을, 오른쪽 그림은 오른쪽 뇌의 측면을 보여주고 있는데, 왼쪽 뇌 부분에 붉은색으로 보이는 부분은 심성어휘집, Mental Lexicon과 단어 의미를 저장하고 있는 영역을 나타냅니다. 'Mental Lexicon'은 마음속의 사전이에요. 마치 책으로 된 영어 사전 같은 것이 뇌에 기억되어 있는 것입니다. 단어를 저장하고 있는 사전에 해당하는 뇌 영역입니다. 그리고 의미를 나타내는 영역도 한 곳이 아니고 여러 영역이죠? 왜 그럴까요? '사과'를 예로 들어 생각해 봐요. 'apple'이라는 영어 단어의 의미는 상당히 다양합니다. 과일의 한 종류로서의 '사과' 의미도 있고, '사과' 파이를 만들 때 음식 재료 차원의 의미도 있고, 모양 기준으로 볼 때 둥근 모양의 의미도 있고, 색깔 기준으로 볼 때의 붉은색 의미도 있습니다. 물론 지금 언급한 것 외에도 훨씬 더 많은 의미 차원이 있습니다. 이런 식으로 한 단어의 의미가 고정되어 있는 것이 아니라 상황에 따라 다르게 해석될 수 있도록 다양한 차원의 의미를 가지고 있습니다. 그래서 범주(즉, Fruit Category)로서의 의미는 측두극, Temporal Pole 쪽에서 활성화되고 색깔과 관련된 의미는 후두엽과 두정엽이 만나는 뇌의 뒤쪽 접점 영역의 활성화로 나타납니다. 처음 학습할 때 'apple'이라는 단어는 시각 자극으로 후두엽 시각 영역에 등록되고 그리고 해마가 관여하여 이 부분의 기억을 강화시키겠지요. 그러다가 후에 'apple'이 다양한 의미 차원을 가지고 있는 것을 알게 되고 그러면 그 의미 영역들과 연결하는 작업이 일어나고, 초기의 시각 특성도 철자 정보로 변환되어 철자 영역으로 보내고 연결하고 등의 작업이, 즉 응고화가 일어나는 것입니다. 의미 기억으로 변하고 있는 거지요. 그러니까 사각형으로 표시된 영역이 주로 왼

쪽 뇌의 측두엽인데, 노랗고 빨간 영역으로 표시되어 있는 부분인데, 이 부분들이 단어의 여러 차원의 의미를 저장하고 있는 영역들입니다. 처음에는 'apple' 단어를 일반 시각 혹은 청각 기억으로 갖고 있다가 이 Temporal Lobe의 여러 영역으로 넘어 와야지 정말로 영어를 잘하는 사람의 뇌가 되는 거예요.

Phonemic(음운, 말소리의 추상적인 내적인 지식)은 단어의 발음과 말소리 지식에 대한 지식을 나타내며, 왼쪽 뇌와 오른쪽 뇌 모두의 뇌 영역에 분포되어 있습니다. 파란색 동그라미로 표시되어 있습니다. 주로 측두엽의, 뇌 옆면의, 위 부분에 저장되어 있습니다. 측두엽의 위 부분이 소리 정보를 처리하는 특화된 영역이라서 그렇습니다. 오른쪽 뇌에 파란색으로 표시된 부분 있죠? 여기는 운율, 'Prosody' 영역이라고 얘기를 해요. 주로 말소리의 소리 내는 방법과 관련된 거예요. Prosody는 문장에 적용되는 것과 단어에 적용되는 것으로 구분이 됩니다. 지금 오른쪽 뇌에 보이는 영역은 주로 단어 액센트 같은 단어 운율 영역입니다. 문장의 어떤 부분을 높게 말하거나 낮게 말하거나 빨리 말하거나 Pause를 주거나 하는 것은 문장 '운율'이라고 말하고요. 단어의 운율을 담당하는 뇌의 영역이 오른쪽 뇌의 측두엽 영역입니다. 그러니까 소리에 어떤 변화를 감지하는 것들은 저 영역으로 가야 하는 것이죠.

그러니까 생각해 보세요. 지금 생각하고 있는 것을 장기 기억으로 넘기고, 해마가 뭔가 인덱스 카드를 만들고, 시각 영역이나 청각 영역으로 그 정보를 전송해서 뭔가 저장을 하는 일을 했는데, 이러한 과정은 역사 책을 통해 역사 내용을 저장하는 것과 비슷한 기억인 거예요. 일반적인 기억이라는 의미입니다. 그런데 영어 쪽은 다시 언어를 담당하는 뇌 영역으로 또 옮겨가야 해요. [그림7]에서 보신 것처럼 단어에 대한 언어 지식 기억은 심성 어휘집 기억, 철자 기억, 말소리 기억, 의미 기억 등을 저장하고 있는 뇌로 세 분화되어 뇌에 남습니다. 일반 기억은 해마와 그 정보를 표현하고 있는 감각 영역 간의 연결로 남는 것과는 비교가 됩니다. 즉, 눈으로, 시각으로 등록된 단어에 대한 일반 기억이, 즉 해마와 시각 영역 간의 연결로 만들어진 일화 기억 응고화가, 단어의 언어 기억으로 전이가, 피질 영역 간의 연결 응고화로의 전이가 일어나야 하는 것입니다. 여러 번의 반복과 재학습 및 훈련이 필요할 것으로 예상됩니다. 그래서 일반 사실을 배우는 것보다 언어를 배우는 것이 훨씬 난이도가 높고, 숙달하는 데 오랜 시간이 필요하다는 거죠. [그림7]을 보면 단어 하나를 뇌에 기록하는 작업도 매우 복잡하고 다양하죠. [그림7]의 여러 영역은 다양한 단어에 대한 지식 영역을 나타내고 있습니다. 그런데 단어를 이해하거나 말하는 과정은 이들 지식을 이용해서 실현시켜야 하는 기술이거든요. 단어 지식을 필요할 때마다 이해와 산출에 필요한 기술을 계획하고 실행하고 참조하고 조절해야 합니다. 이런 기술도 많은 시간의 학습과 훈련이 필요하거든요. 외국어 학습을 더 어렵게 만드는 또다른 요인입니다.

언어 장기 기억은 뇌의 응고화 변화가 한 번 더 일어나야 합니다. 해마와 뇌 피질 영역 간의 응고화에서 언어를 담당하고 있는 피질 영역 간의 연결 응고화가 일어나야 합니다. [그림3]을 기준으로 보면 일화 기억에서 의미 기억, 절차 기억, 암묵 기억으로의 전이가 일어나야 하는 것이고, [그림5]를 기준으로 보면 (A)와 (B) 단계에서 (C)단계의 응고화가 일어나야 하는 것입니다. 언어는 다른 사건들과 다르게 다양한 속성들(예를 들면, 말소리 감별, 단어 철자 및 발음, 단어 의미, 문법, 음운과 운율, 발음을 위한 근육의 리드미컬한 순서 운동 등등)이 있고, 이런 속성은 각각 다른 뇌 영역에서 처리됩니다. [그림7]을 보세요. 언어의 한 종류인 단어 하나를 정보처리하는 경우에도 저렇게 많은 영역이 동원되지 않습니까? 말소리로 들린 문장 처리는 얼마나 더 많은 뇌 영역이 동원될까요? 훨씬 복잡하겠지요? [그림5]의 (C) 단계에서 이렇게 많은 영역들이 연결되는 응고화가 일어나야 된다는 의미입니다. 이런 언어의 특성은 [그림5]의 (C) 단계의 피질 영역 연결 응고화Connection Consolidation of Cortical Areas에서 여러 영역과의 연결을 맺어야 한다는 의미이니까 응고화 과정이 매우 복잡하고 오랜 시간이 걸릴 것입니다. 이런 이유로 언어 학습은 다른 학습보다 월등히 더 어렵습니다.

외국어인 영어 문장을 듣고 이해하거나 문장을 생성해 내려면 수많은 언어심리 정보처리Psycholinguistic Information Processing 과정이 필요합니다(Friederici, 2011; Indefrey & Levelt, 2000; Indefrey & Levelt, 2004). 언어심리 정보처리는 말소리 신호 감각, 말소리 인식, 단어 인식 혹은 재인, 문장 분석과 문장 생성, 문장의 의미 추출, 작업 기억의 운용, 장기 기억 검색 및 인출 등을 포함합니다. 얼마나 많은 복잡한 과정이 필요한지 예를 들어 볼까요? 말소리 단어를 알아듣는 경우를 생각해 봐요. 상대방의 입을 통해 나오는 말소리는 공기 파동으로 듣는 사람의 귀에 닿습니다. 그러면 청자의 청각기관은 그 공기 파동에너지를 청각 신경 신호로 바꾸고, 그 신호를 뇌의 청각 영역, 위쪽 측두엽으로 보냅니다. 여기까지는 모국어를 듣든 외국어를 듣든 거의 동일한 과정입니다. 이 과정을 감각Sensation이라고 합니다. 뇌의 청각 영역은 말소리 신경 신호를 주파수 대역별로 분석하고, 그 주파수 대역으로 구성된 음소, 운율을 찾습니다. 보통은 모국어 기준으로 주파수 대역 뇌 영역이 배열되어 있으니까 외국어의 신호 중에 모국어와 다른 주파수 대역은 찾기가 어려울 것입니다. 즉 외국어의 그 부분은 분석되지도 않고 뇌에 기록되지 않겠지요. 그 다음에 이들 주파수 대역으로 구성된 음소 혹은 음절 등을 찾습니다. 올바른 음소 혹은 음절을 찾지 못하면, 정확하게 그 단어를 인식하기가 어렵거나 불가능 하겠지요. 이런 일이 외국어 말소리 단어를 인식하는 데 일어날 수도 있겠죠. 그 다음은 음소 등을 찾은 다음에 여러 음소들을 묶어서 음소 조합을 생성하고, 그 음소 조합과 운율로 이루어진 단어가 무엇인지를 심성 어휘집Mental Lexicon에서, 뇌에 저장되어 있는 사전에서, 음운 단어를 찾는 작업을 합니다. 음소 등의 조합도 한국어와 외국어 영어는 다릅니다. 그래서 모국어에서 하는 방법으로 음소 등을 묶으면 외국어인 영어에는 맞지 않습니다. 그러면 또 그 외국어 단어 인식을 못하겠지요. 이외에도 작업기억에서의 정보처리, 장기 기억에서 여러 종류의 Memory를 활성화시키고 적용하는 과정 등 정말 여러 과정들이 있습니다. 이러한 여러 가지 과정이 다 필요합니다. 상당히 과정이 많고 하나 하나가 모두 어렵지요. 이 과정들을 모두 배워야 외국어 영어를 사용할 수 있습니다. 여러 번의 반복 연습이 필요합니다. 요구되는 이들 과정 중에 어느 하나에서라도 문제가 발생되면 말소리 영어 단어 혹은 문장의 이해는 불완전한 상태로 이루어지거나 어쩌면 전혀 무슨 뜻인지를 모를 수도 있습니다.

또 다른 예로 성인 외국어 학습자가 배우기에 가장 어려워하는 문법의 경우를 생각해볼까요? 문법Grammar은 왼쪽 뇌 전두엽, 두정엽, 측두엽 등이 동원되며 일종의 기억 성분도 있지만, 절차적인 기술 같은 측면도 있습니다. 주어가 오면 서술어가 와야 하고, 서술어가 타동사면 목적어가 따라 와야 하고, 전치사가 오면 명사가 와야 하고, 정관사 the가 쓰이게 되면 명사로 이어져야 하고, 명사구는 주어 아니면 목적어이고 주어면 문장의 맨 앞으로 가는 게 보통이고, 목적어 이면 타동사 뒤나 혹은 전치사 뒤에 위치해야 하고 등등, 이런 식으로 일련의 어떤 몇 개의 Item들이 순서 지어져서 Sequencing이 일어나야 합니다. 내용 마다 다른 종류의 절차 혹은 순서가 있습니다. 그래서 그 순서를 어떻게 배열해야 되는지에 대한 것은 일반 기억 내용, 아마도 일화 기억과 의미 기억이지만, 순서 짓는 일을(문장을 산출할 때) 실행하는 것, 순서 지어진 일을 풀어내는 일(문장을 이해할 때)은 일종의 '기술'입니다. 그래서 Skill Learning이라고 하거든요, 그래서 문법처리는 Frontal Lobe, Basal Ganglia, Parietal and Cerebellar Structures와 같은 실행과 관련된 뇌 영역이 일반 기억의 영역과 함께 같이 작동하여 완성됩니다. 그러니까, 문법은 일종의 습관 같은 것과도 관련이 있습니다. 가정법, 과거 완료의 종합영어에 있는 원리를 배우는 것은 기본적으로 기억에 해당이 되지만, 이 지식들을 이용해서 문장을 만들어 내거나, 누가 말한 내용을 해체해서 이해하는 작업은 일종의 내가 걸어 다니는 것처럼, 밥을 먹는 것과 비슷한 일종의 기술이라고 볼 수 있습니다. 그래서 별도의 훈련이 필요합니다. 문법을 언어 기억화하는 과정은 한가지 과정이 아닙니다. 선언적 기억, Declarative Memory 성분과 비선언적 기억, Nondeclarative Memory 성분이 섞여 있습니다. 그래서 영어를 잘 배우려면, 두 종류의 기억이 모두 필요한 실제 상황에서 사용해 보는 액션아웃을 해야 합니다. 실제처럼 사용해봐야 여러 영역을 연결할 뿐만 아니라 옳지 않은 연결은 제거하고, 부족한 연결은 새로 만들고 강화시키며, 자주 함께 필요한 경우에는 두 영역 간의 연결 강도를 더 크게 증가시켜야 합니다. 실제 상황에서 영어를 사용하면서, 전에 말했던 정교화된 연습, Elaborative Practice를 수행하면서 피질 영역간 연결 응고화Connection Consolidation of Cortical Areas를 완성해야 합니다(DeLuca, Segaert, Mazaheri, Krott, 2020; DeLuca, Rothman, Pliatsikas, 2018).

이번 절에서는 성인 외국어 학습자가 겪어야 하는 난관들을 일부 예를 통해서 논의하였습니다. 결국은 오래 견디면서 학습하는 것이 정답입니다. 포기하지 않고 지속적으로 학습할 수 있는 조건을 조성하는 것이 중요합니다. 당연히 외국어 공부를 열심히 할 수 있도록 동기를 부여하는 것이 매우 중요합니다. 또한 인지 심리학과 학습 심리학 요인도 매우 중요합니다. 더 적게 시간을 보내고도 많은 시간을 공부한 것과 유사한 효과를 낼 수 있는 학습법, 목표 지향적인 학습과 평가, 학습자가 필요로 하는 내용을 제공할 수 있는 학습 재료, 학습자의 개인적 인지와 언어심리 정보처리 특성을 반영한 개인 맞춤형 등의 요인을 고려하여야 할 것입니다. 다음 절에서는 제 연구실에서 시도했던 연구를 중심으로 인간의 학습과 기억 특성을 적용하여 외국어의 언어 지식과 언어심리 정보처리 능력을 증진시킬 수 있는 방법에 논의하겠습니다.

조언 3,

효과적인 외국어 학습 방법

쉬엄쉬엄 외국어 학습이 좋다.

외국어를 반복적으로 암기하는 것보다 사용해 보는 것이 더 좋다.

외국어를 기억하는 것, 아는 것, 할 수 있는 것을

만드는 학습법이 다르다.

위에서 보신 것처럼, 후기 외국어 학습자는, 즉 모국어를 완벽하게 습득한 이후에 외국어를 배우기 시작하는 외국어 학습자는, 외국어의 말소리, 단어, 문법 등을 배우기 위해 선언적 그리고 비선언적 기억에 절대적으로 의존합니다. [그림4], [표1]과 [표2]에서 이런 결과를 보여 주고 있습니다. 유아가 모국어를 배우는 과정과는 차이가 있습니다. 후기 이중 언어학습자는 선언적 기억에 대단히 많이 의존하고 비선언적 기억에는 조금 의존합니다. 외국어 학습은 장기 기억의 기억 응고화로 일어납니다. [그림2], [그림3], [그림5]에서 인간의 기억 구조와 기억 응고화 과정을 설명하였습니다. 후기 외국어 학습은 이런 기억 구조와 응고화를 통해 이루어집니다. 해마가 감각 및 운동 등의 뇌 영역 등에서 인식된 외국어 자료를 가져오고 그리고 다듬습니다. 그리고 해마가 그 정보가 저장되어야 하는 적절한 피질 영역으로 정보를 다시 보내고 또한 그 영역과 연결을 만드는 작업을 진행합니다. 전전두엽 Prefrontal Lobe, 앞 이마 영역은 해마와 기억 내용을 담고 있는 뇌 영역들을 조정합니다. 해마와 피질 영역 간의 연결, 피질 영역 내의 연결, 그리고 피질 영역끼리의 연결을 조정합니다. 그 다음에는 해마의 관여는 빠지고, 감각이나 운동 영역과 같은 피질 뇌 영역들끼리 연결이 되는 2차 응고화가 진행됩니다. 이 때에도 초기에는 전전두엽이 관여합니다. 그러다가 차츰 전전두엽의 역할이 줄고 나중에는 전전두엽의 역할이 없어집니다. 정보를 담고있는 감각과 운동 등의 피질 영역 간의 연결만 남는 단계로 발전하게 되는 것이죠. 이렇게 되면, 예를 들어 시각으로 단어를 보면, 후두엽의 시각 영역이 활성화되고 그러면 이 활성화는 연결되어 있는 철자 기억 영역, 발음 기억 영역, 의미 기억 영역, 품사 기억 영역 등의 연결된 영역의 활성화를 자동적으로 일으키게 되는 것입니다. 이제는 새로운 정보를 입력해서 저장하는 단계를 지나서 이미 저장된 정보가 자동적으로 활성화되고 이용되는 단계에 도달한 것입니다. 자동화된 것이죠. 일화 기억을 지나서 의미 기억이나 절차 기억 혹은 암묵 기억으로 전이된 것입니다.

외국어 학습은 당연히 뇌 구조와 기능의 변화를 통해 일어납니다. 무언가를 새로 배웠다는 의미는 그 내용을 뇌 어딘가에 저장했다는 것이고, 이런 정보 저장은 기존의 뇌 어느 부분을 변화시켰다는 것을 의미합니다. 뇌 어느 부분이 변하는지 볼까요? 군대에서 이루어진 연구입니다. 3개월 동안 통역 훈련을 받았습니다. 군대에서 통역 훈련을 받기 전과 받은 후를 비교했을 때 달라진 뇌의 변화를 MRI로 조사하였습니다. 뇌 영역의 부피 변화를 측정 분석하였습니다. 좌우 뇌의 해마(기억 응고화 영역), 좌 뇌의 전두엽(주의와 기억 통제 영역), 그리고 좌 뇌의 측두엽의 윗부분(말소리와 의미 처리 영역) 등에서 부피 변화, 뇌 조직의 두께가 증가가 있었습니다(Mårtensson, Eriksson, Bodammer, Johansson,

Nyberg, Lövdén, 2012). 변화된 뇌 영역을 보면 아마도 이 연구에 참여한 군인 통역자들은 외국어를 듣고 모국어로 번역하거나, 모국어를 외국어로 변환하는 작업을 주로 훈련한 것 같습니다. 문서를 가지고 읽고 쓰고의 훈련 보다는 듣고 말하는 훈련을 주로 했던 것 같습니다. 왜냐하면 기억 통제 영역, 기억 응고화 영역, 말소리와 의미 처리 영역에서의 변화가 주로 일어났기 때문입니다. [그림5]의 (A)와 (B) 과정에 해당되는 응고화가 나타난 것이라고 볼 수 있을 것 같습니다. 아직 (C)의 과정까지는 이르지 못한 후기 외국어 학습자로 볼 수 있을 것 같습니다. 이들 통역병들은 아직 통역이 자동화되는 단계까지는 이르지 못한 것으로 판단됩니다. 외국어 문법 훈련을 주로 하면 이들 주된 기억 응고화 관련 영역 외에도, 브로카 영역, 좌 뇌의 2차 운동피질(말하는 것과 같은 행동 실행의 계획을 담당하고 조정하는 영역)의 활동이 나타납니다 (Kepinska, de Rover, Caspers, and Schiller, 2018). 위의 연구는 통역을 대상으로 한 것이니까 주로 문장 수준에서의 학습에 따른 뇌 변화를 보고한 것으로 생각됩니다. 외국어 단어를 학습 할 때에도 유사한 일이 일어납니다. 학습 초기에는 기억 응고화에 관여하는 해마와 전두엽 등의 영역의 활동이 많다가 후기로 가서 그 단어에 익숙해지게 되면 단어의 철자, 음운, 의미 등을 저장하는 영역에서의 2차와 3차의 응고화가 나타납니다(Davis and Gaskell (2009). 이런 일이 일어나려면 반복을 해야 합니다. 결국 반복은 이런 연결을 만들고, 수정하고, 다듬어서 자동화하는 작업입니다. 학습에서 제일 중요한 것은 '몇 번을 읽고 반복했느냐'입니다.

그래서 중요한 가설 중 하나가 '전체 시간 가설'입니다. "어떤 분야의 전문가가 되기 위해서는 대략 10,000시간을 투자해야 한다"는 말 많이 들어 보셨을 겁니다. 맞습니다. 그것이 반복한 시간을 얘기하는 겁니다. 횟수가 중요하죠. 그중에서도 'Elaborative Rehearsal정교화된 리허설', 혹은 'Elaborative Practice정교화된 연습'라고 말합니다. 영어 단어를 외울 때 단순히 "mother, 엄마, mother, 엄마, mother, 엄마 …" 이렇게 하면 반복을 백 번 해도 별 효용이 없습니다. "mother는 father와 부부관계이고, [ðər]라는 발음이 유사하네." 이렇게 생각하면서 연습을 백 번 해야 10,000시간의 효과가 나오는 겁니다. 무작정 "mother, mother, mother"와 같이 반복해서는 기억에 남지 않습니다. 대신 정교화된 리허설을 하며 10,000시간 가까이 보내야지만 어떤 분야의 전문가가 되는 겁니다. 외국어도 이를 피해갈 수 없습니다. 전전두엽, 두정엽, 그리고 해마의 도움을 받아서 영어의 여러 속성을 저장하고 있는 뇌의 피질 영역들간의 상호 연결로 만들어 내야 합니다. 당연히 이런 연결을 잘 만들려면 여러 번의 반복된 작업이 필요하겠죠. 그런데 이런 연결은 이 전에 있던 것만 계속 반복하면 이전보다 크게 나아질 것이 없겠죠. 별 생각없이 반복하는 경우에 해당되는 것이죠. 새로운 연결들이 생기는 것이 실력이 느는 것인데, 그러려면 당연히 반복을 하면서 새로운 연결을 만들 수 있도록 생각을 많이 해야겠지요. 'Mother'는 'Father'와 'ther'가 같네. 그래서 스펠링도 같고 발음도 같고 그러니까 라임Rhyme도 같은 것을 찾아 내면서 반복해야 합니다. 이런 과정이 정교화된 리허설입니다. 이런 식으로 반복해야 새로운 영역과의 연결이 생기고 또한 반복해서 그들 간의 연결이 강하게 되고 그러면 영어를 능숙하게 이해하고 말하게 되는 것입니다.

그런데 사실 이처럼 10,000시간을 참고 반복하는 것은 힘들고 어렵습니다. 그러면 어떻게 학생들이 포기하지 않고 그 오랜 시간 동안 반복하게끔 만들 수 있을까요? 동기나 보상이나 뭐 이런 것이 중요하겠죠. 제 연구팀도 학생들이 포기하지 않고 지속적으로 학습할 수 있도록 도울 방법이 어떤 것들이 있는지 고민합니다. 그 중에서 한 방법이 아래에서 말씀드릴 학습 함수를 이용하는 것입니다. 외국어인 영어 공부를 많이 해도 영어 구사 능력이 늘어난 것처럼 느껴지지 않습니다. 여전히 영어 방송을 이해하지 못하겠고 하고 싶은 말을 영어로 잘 못하니까요. 도대체 얼마나 더 해야 하는 것인지 막막하기만 합니다. 외국어 학습자의 학습 함수를 구해 보면 공부를 얼마나 더 해야 하는지를 추정할 수가 있습니다. 그리고 지금까지 공부한 것이 정말로 기억에 남아 있는 것인지도 확인할 수 있습니다. 이런 방법을 쓰면, 얼마나 더 해야 하는 것인지를 추정할 수 있으면, 참고 공부하지 않을까요? 현재의 내 위치를 알고 앞으로 갈 길을 알면, 인내하면서 공부하는 것에 도움이 될 것입니다. 공부를 포기하지 않고 지속하도록 하는 것이 핵심입니다. 일단 포기하지 않고 공부해야 뭐 라도 나올 수 있으니까요. 그런데 10,000시간을 보내지 않더라도, 적은 시간을 공부하면서도, 10,000시간을 공부한 것과 유사한 효과를 나타낼 수 있으면 얼마나 좋겠어요. 학습 심리학과 인지 심리학의 학습과 기억에 관련된 연구가 이런 문제에 대한 해답을 제공할 수 있습니다. 의외로 간단할 수도 있습니다. 핵심 문제는 학습의 효율성을 높이면 되는 것입니다.

[표2]의 결과와 [그림1]의 결과를 보면, Immersion 학습자든 Non-immersion 학습자든 관계없이, 모두 외국어 문법 능력을 배우

는 데에 한계가 있는 것을 보여주고 있습니다. 또한 [그림3]을 보면 성인이 되어서 외국어를 배우는 경우에, 모국어를 모두 배운 후에 외국어를 학습하는 경우에, 대부분 선언적 기억과 비선언적 기억에 의존한다는 것을 제시하였습니다. 문장 문법을 이해하는 능력이 기억 능력과 상관이 매우 높습니다. 유아가 모국어 문법을 배울 때에는 기억이 그렇게 중요한 역할을 담당하지 않는데 말이죠. 영어를 외국어로 배우는 우리는 모두 성인 집단에 속하고 늦게 외국어를 배우기 시작해서 기억에 의존하는 외국어 학습을 한다고 봐야 겠습니다. [표2] 연구에서는 영어 문장의 자연스러움을 판단하는 과제를 반복해서 시켰습니다. 기억하도록 유도하려고요. 영어 문장을 암기해서 문법 지식이 저절로 튀어나오도록, 전문 용어로는 Emerging Property의 문법이 나타나도록 유도한 것이고요, 자연스러움 판단을 통해서 언어심리 정보처리기술Psycholinguistic Information Processing Skill을 습득하도록 유도한 것입니다. 종이에 물감을 한 번 찍었을 때는 유의미한 모양이 보이지 않다가 수백 개 혹은 수천 개를 찍으면 개의 모양이나 꽃의 모양이 생기는 것처럼, 이런 현상을 Property가 Emerging한다고 합니다(Hernandez, Claussenius-Kalman, Ronderos, Castilla-earls, Sun, Weiss, and Young, 2019). 언어의 문법도 위의 예처럼 수많은 사례를 통해 Emerging하는 속성입니다. [표2]의 연구가 이런 문법의 Emerging property를 시도한 것입니다. 문법 지식과 언어심리 정보처리 기술이 여러 번의 사례를 통한 반복을 통해 발현되도록 유도한 것입니다. 4주 정도의 짧은 기간이었지만요. 연구 목표를 모두 이루었다고 생각하지는 않지만 가능성은 보았다고 생각됩니다. 한 번 [표2] 연구처럼 시도해 보세요.

그래서 인지심리학 등에서 밝혀진 효과적인 학습 원리를 외국어 학습에 적용하여 기억 효율성을 높이고 그리고 여러 종류의 예를 학습하는 것을 통해 영어 문법의 통계적인 일반성이 추출되도록 학습 과정을 설계해보려고 아래의 연구를 실시한 것입니다. 동일한 시간을 공부하더라도 더 큰 효과를 나타낼 수 있는 방법, 다른 말로 하면, 적게 공부하고도 많은 시간을 공부한 것 정도의 학습 효과를 나타낼 수 있는 방법이 있습니다. 그 중의 대표적인 것이 '연습의 분산 효과Spacing Effect'라는 것이 있습니다. 이는 총 10시간을 공부한다고 할 때, 내리 몰아서 10시간을 공부하는 것보다, 한 시간씩 나누어서 열 번 공부하는 것이 더 효과적으로 기억을 생성하는 것을 말합니다. 그러니까 동일한 시간을 보내더라도 인지심리학, 학습심리학, 언어심리학에서 얘기하는 어떤 방법을 잘 적용하면, 10시간 동안 해야 할 일을 8시간만 해도 끝낼 수 있다는 겁니다. 그중 하나가 '연습의 분산 효과Spacing Effect'입니다. '연습의 분산 효과'를 외국어 학습에 적용한 연구의 예를 들어서 설명해 볼까요?

아래 [그림8]은 제 연구실에서 실험해서 논문으로 발표한 내용입니다. 분산 학습이 영어를 학습하는데 얼마나 효과적인지를 조사한 연구입니다. 이 연구에서는 영어에서 가장 자주 사용되는 영어 동사 단어 수십 개를 영어 통계 자료를 이용해서 선택하였습니다. 그 다음에 이 동사들과 함께 자주 나타나는 표현을 추출하였습니다. 그러니까 '동사+단어1+단어2'의 구조를 갖는 학습 재료를 준비하였습니다. 몇 개의 단어가 함께 자주 언어 생활에서 출현합니다. 이런 단어 조합을 연어Collocation이라고 합니다. 어휘적 연어Lexical Collocation는 'fully understand'처럼 2~3개의 내용어Content Word로 구성된 것이고, 문법적 연어grammatical collocations는 'approve of'처럼 내용어와 기능어function words가 결합된 것입니다. 문법적 연어가 특히 문법과 관련이 많은데, 지배적인 의미를 갖는 어휘와 전치사와 같은 문법적 단어가 결합된 경우입니다. 영어 문법을 배우기가 매우 어려워서, 문법을 학습하는 한 방법으로 연어 관계를 이용하여 문법을 공부하도록 유도한 것입니다. 영어 문장은 명사구, 동사구, 전치사구와 같은 몇 개 구들의 집합 혹은 연어들의 모임이잖아요. 이들을 순서에 맞게 그래서 문법에 맞도록 배치하는 것은 그렇게 어려운 일이 아니라고 생각됩니다. 영어 문장에서는 특히 동사의 쓰임새가 중요하잖아요. 그래서 동사가 주가 되는 연어를 학습하도록 한 것입니다. 또 다른 생각은 동사의 쓰임새를 일부러 배워서 아는 것이 아니라 많은 예를 경험하게 하여 자동적으로 그 동사의 쓰임새를 추출해 내도록 유도한 것입니다. 이런 학습을 확률 학습Statistical Learning 혹은 암묵 학습Implicit Learning이라고 부릅니다. 몇 종류의 예들이 모이면 그 속에서 일반성을 찾을 수 있고, 이런 일반성을 자동적으로 끄집어 내도록 시도한 것입니다(Hernandez, Claussenius-Kalman, Ronderos, Castilla-earls, Sun, Weiss, and Young, 2019). 여러 예를 통해 일반성을 이끌어 내려는 노력이죠. 중고등학교 때에 성문 '종합 영어'를 읽고 이해해서 영어 문법을 배운 것처럼 문법을 배울 수도 있습니다. 저는 동사 중심의 단어들의 연어 조합 패턴을 학습해서도 문법을 배울 수 있다고 생각합니다. 물론 다른 연어, 예를 들어 전치사 중심의 연어 조합 패턴을 통해서도 중요한 영어 문법을 배울 수 있다고 생각합니다. 그래서 이 실험에서 '동사 + 단어1 + 단어2'의 연어 조합 패턴을 학습하도록 한 것입니다. 동사 중심의 연어를 학습하는 데 효과적인 방법이 무엇인지를 조사하였습니다. 그리고 이런 학습 후에 문법 지식의 증가 여부를 조사하였습니다. [그림9]에 제 연구실에서 실시한 연구 방법과 결과가 제시되어 있습니다. 학습은 하루에 1시간씩, 1주일에 5일, 4주간 이루어졌습니다. 하루 학습 후에는 기억 검사가 있었고요. 매주 학습에서는 4일 동안 반복되었고, 그 주의 마지막 날에는 중간 검사가 시행되었습니다. 4주간의 학습 세션이 끝난 후 즉시 사후-검사Immediate Post-Test와 1달간의 지연 후에 이루어진 지연 사후-검사Delayed Post-Test가 실시되었습니다. 기억 검사는 재인 기억 검사를 사용하였고 문법 정보처리는 자기-조절 문장 읽기 과제Self-paced Reading Task를 사용하였습니다. 재인 기억 검사에서는 제시된 연어를 학습 시에 본 것인지 아닌지를 결정하게 하여 선언적 기억 정도를 측정하였습니다. 아래의 결과는 재인 기억 검사를 이용한 선언적 기억을 나타내고 있습니다. 자기-조절 문장 읽기 과제는 언어심리 정보처리 속도를 조사하기 위한 것이었는데 이 논문에서는 이 결과를 제시하지는 않았습니다.

(가) 학습 조건

주	4일	
	M(L1/L2)	S(L1/L2)
1	AAAA	ABCD
2	BBBB	ABCD
3	CCCC	ABCD
4	DDDD	ABCD

M=집중학습 / S=분산학습 / A, B, C, D는 각 학습 리스트를 의미함

(나) 실험 절차

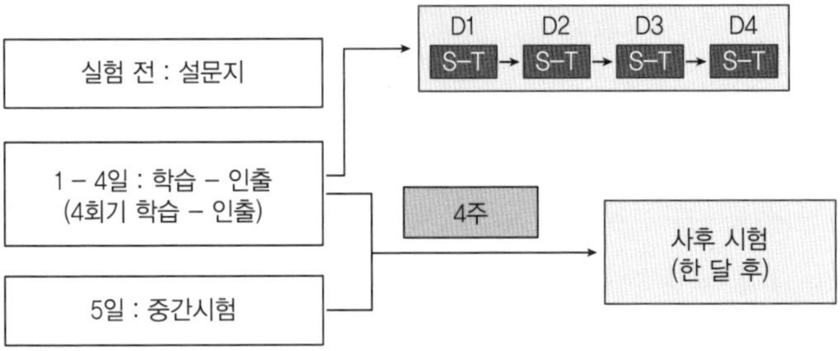

(다)–1. 실험 결과: 즉시 사후–검사 정답률

학습조건		L1L1(80)	L2L1(80)	L1L2(80)	L2L2(80)	*F*	*p*
집중	M	.98	.98	.96	.97	1.71	.17
	SD						
분산	M	.99	.98	.95	.98		
	SD						
합계	M	.99	.98	.96	.98		

(다)–2. 실험 결과: 지연 사후–검사 정답률

그룹		L1L1(80)	L2L1(80)	L1L2(80)	L2L2(80)	*F*	*p*
집중	M	0.92	0.96	0.93	0.94	2.05	.11
	SD						
분산	M	0.99	0.98	0.94	0.95		
	SD						
합계	M	0.95	0.97	0.93	0.95		
	SD						

(다)-3. 실험 결과: 두 사후-검사 정답률 비교

학습조건	사후 1-사후 2	L1L1	L1L2	L2L1	L2L2
집중	*t*				
	p				
	망각값	.06	.03	.02	.03
분산	*t*				
	p				
	망각값	0	.01	0	.03

[그림8] '동사 + 단어1 + 단어2' 등의 단어 조합 패턴 학습에서 보이는 분산 학습의 효과(김제홍, 박향숙, 남기춘, 2018). (가). 집중 학습과 분산 학습 조건. (나). 실험 절차. S는 학습 시기를 의미하고 T는 검사를 의미합니다. 본 실험 전에 설문을 영어를 얼마나 오랜 시간 동안 어떤 방법으로 조사하기 위한 설문을 실사하였습니다. (다). 4주 학습 후의 즉시 사후-검사 정답률과 지연 사후-검사 정답률. 학습 후 1달이 지난 후의 기억 검사에서 분산 학습이 매우 작은 정도로 우수한 기억을 보입니다.

[그림8]의 (가)에는 4개의 학습 리스트를 집중적으로 학습한 경우와 하루 단위로 분산 학습을 진행하는 조건이 표시되어 있습니다. (나)에는 설문지를 시작으로 4주간의 학습, 학습 후의 즉시 사후-검사와 1개월 지연 후의 사후-검사까지의 절차를 나타내고 있습니다. (다)에는 결과가 제시되어 있습니다. (다)-1의 결과에서 보시는 것처럼, 즉시 사후-검사에서 집중 학습과 분산 학습 모두에서 학습 성과가 매우 우수하였습니다. 일종의 천정 효과Ceiling Effect가 나타났습니다. 그래서 두 학습 조건 간에 유의미한 차이가 없었습니다. (다)-2의 결과에서도 집중 학습 조건과 분산 학습 조건 간에 큰 차이는 없었습니다. 놀라운 사실은 학습이 모두 끝나고 1달이 지나서 기억 검사를 했을 때에도 여전히 정답률이 매우 높다는 것입니다. 아마도 학습한 재료가 너무 쉬웠거나 아니면 참가자들이 너무 우수하지 않았

나 싶습니다. 여기서도 천정 효과Ceiling Effect가 나타났습니다. 그래서 (다)-1에서처럼 두 학습 조건 간에 유의미한 차이가 없었습니다. 그래도 두 학습 조건 간의 차이를 찾아보면 미세하지만 분산 학습 조건에서의 망각이 적었습니다. (다)-3에는 즉시 사후-검사와 1개월 지연 사후-검사의 차이를 통계적으로 검증한 결과가 제시되어 있습니다. 사후1은 4개월 학습 후 바로 실시한 재인 기억 검사를 의미하고 사후2는 1개월 지연 후에 이루어진 재인 기억 검사를 의미합니다. 두 검사 간의 차이 점수가 통계학적으로 차이가 있는지를 분석한 것입니다. L1L2는 모국어 한국어를 보고 해당되는 외국어 영어 연어가 옳은 것인지를 판단한 경우이고 L2L1은 영어 연어를 보고 그것에 해당하는 한국어 의미가 옳은지를 판단한 것입니다. 그래서 L1L2는 마치도 한국어 의미에 해당하는 영어를 기억에서 이끌어 내는 산출과 유사하고 L2L1는 영어 연어를 보고 한국어로 해석하는 것과 유사한 조건입니다. 위에서 지적한 것처럼 학습 재료 연어가 쉬워서 그랬는지 아니면 대학생 참여자들이 워낙 우수해서 그랬는지는 몰라도 4주 학습 후의 즉시 사후-검사에서는 집중 학습 조건과 분산 학습 조건 간에 차이가 없었습니다. 모두 다 너무 잘해서 차이가 없었습니다. 그렇지만 학습이 끝나고 1개월이 지난 후의 사후-검사에서는 학습 조건 간에 미세한 차이가 있었습니다. 집중 학습 조건에서 망각이 더 컸습니다. 분산 학습을 한 경우가 1개월이 지난 후에 이루어진 선언적 기억 검사인 재인 기억 검사에서 더 효과적인 학습 결과를 나타냈습니다. 이런 지연된 기억 효과가 분산 학습이 나타내는 특기 중의 하나입니다. 언어 학습이 아닌 다른 종류의 학습 연구에서도 유사한 분산 학습 효과가 나타나곤 합니다. 그래서 일회성으로 시험만 잘 보고 망각해도 되는 것이면 집중 학습도 큰 문제는 없으나 오랜 기간 동안 수시로 사용할 것이면 집중 학습 보다는 분산 학습을 수행하는 것이 더 유리합니다.

김제홍, 박향숙, 남기춘(2019) 연구는 비록 짧은 기간의 동사구 Verb Phrase 학습이었지만 분산 효과Spacing Effect를 이용하면 동사구를 능숙하게 배울 수 있다는 가능성을 확인하였습니다. 논문에는 적지 않았지만 동사구를 학습하고 나서 실시한 자기-조절 문장 읽기 과제 Self-paced Reading Task에서도 작지만 효과가 있었습니다. 학습했던 동사구를 더 빨리 읽고 이해할 수 있었으며, 학습했던 동사구를 포함하고 있는 문장의 이해를 더 수월하게 수행하였습니다. 앞에서 말씀드린 것처럼 자기-조절 문장 읽기 과제는 언어심리 정보처리Psycholinguistic Information Processing를 측정하기 위한 것이었습니다. 즉, 문법처리 능력이 증가되는지를 측정한 것입니다. 정리해 보면 동사구 혹은 동사 포함 연어를 집중 학습과 분산 학습 방법을 이용하여 성공적으로 학습할 수 있으며, 이런 학습은 문장과 동사구의 언어심리 정보처리의 효율성을 높일 수 있다는 것입니다. 사실 저도 매일 영어 문장을 구Phrase 단위로 분석한 다음에 구를 암기하고 그리고 문장을 암기하는 훈련을 하고 있습니다. 제가 실험 참가자가 돼서 실험하는 중입니다. 놀랄 만큼 영어가 많이 늡니다. 선생님들도 해보세요. 기억에 대한 자신감도 많이 생깁니다. 재미있는 사실은 영어 문장을 동사구 Verb Phrase와 전치사구Prepositional Phrase로 나누어서 문장을 외우다 보니까 어떤 동사의 쓰임새를 알게 되고 또한 전치사를 이용해서 다른 단어들을 더하면 의미를 계속 새롭게 만들 수 있더라고요. 다음 번에는 전치사구Prepositional Phrase를 중심으로 더 많은 수의 학습 재료를 가지고 더 오랜 시간 동안 실험을 해볼까 계획하고 있습니다. 기회가 되면 일선 초등학교나 혹은 학원 등과 연계하여 이런 종류의 대규모 협동 연구를 진행해 보고 싶습니다. 그래서 우리들의 염원인 영어를 정복하는 방법을 찾아 내고 싶은 소망이 있습니다.

분산 학습이 문법이 아닌 다른 외국어 언어 지식 학습에도 그대로 적용되는지 여부를 조사하였습니다. 실험 세팅은 [그림8]의 연구처럼 진행하고 대신 학습해야 하는 외국어의 내용을 달리해서 분산 효과가 다른 학습에도 적용되는지를 조사했습니다. 영어 파닉스 학습English Phonics Learning, 영어 연속 음성에서 단어 찾기 학습Phonological Word Spotting from Continuous Speech, 자연스런 영어 문장 판단 학습Natural Sentence Judgement Learning, 자연스런 영어 운율 탐지 학습Detecting Natural Prosody from Continuous Speech 등에서 분산 학습의 효과를 검증했습니다. 영어 파닉스English Phonics는 모두 아시는 것처럼, 글자 영어 단어를 소리 내서 읽을 수 있는 능력을 배우는 것이고요, 영어 연속 음성에서 단어 찾기 학습Phonological Word Spotting from Continuous Speech은 듣기, Listening을 훈련하는 것이었습니다. 연구 결과는 문법 학습을 제외한 나머지에서는 분산 학습이 몰아서 학습하는 집중 학습보다 더 효과적이었습니다. 영어 문장의 자연스러움 혹은 문법을 학습하는 영역에서는 학습한 기간이 4주로 짧아서 그랬는지 몰라도, 몰아서 집중 학습하는 경우와 분산 학습하는 경우에 차이가 없었습니다. 제가 수행한 연구에서의 학습 재료의 수와 학습 기간이 문법을 학습하기에는 부족하지 않았나 싶습니다. 자연스런 영어 운율 탐지 학습Detecting Natural Prosody from Continuous Speech은 아래에서 조금 더 자세히 설명해 보려 합니다. 재미있는 아이디어라서 더 설명 드리고 싶습니다.

운율, Prosody는 문장의 어느 부분을 느리게 말하고 어느 부분은 빠르게 말하고 혹은 어느 부분은 내려서 말하고 다른 부분은 올려서 말하기와 같은 말하는 법에 관한 것입니다. 대개 영어 의문문은 문장의 끝부분을 올려서 말하는 것과 같은 것을 말합니다. 말하는 법에 대한 것입니다. 한국어에서는 영어와 비교할 때 상대적으로 운율을 많이 사용하지 않죠? 우리나라 사람들끼리 이야기하고 놀 때는 목소리가 커서 시끄럽지만 여러 악기 소리가 막 뒤엉켜서 나는 것처럼 요란스럽지는 않아요. 그런데 스페인어나 영어 등을 말하는 사람들이 시끄럽게 말하면서 놀면, 정신이 없는데, 물론 목소리가 커서 그런 것도 있지만, 한국 사람들의 시끄러움과 다른 부분이 있죠? 이런 다른 점이 제 생각에는 각 언어의 운율 차이 때문이라고 예측합니다. 운율을 많이 사용하지 않는 한국어를 사용하는, 영어에 비해서, 우리나라 사람이 영어 말소리 문장을 잘 이해하지 못하는 실패의 주원인으로 운율을 생각했지요. 우리 말은 단어나 어절 단위 등으로 무언가 끊어서 말하는 것처럼 느껴지고, 영어 말소리는 굴곡이 있는 음악 소리처럼, 리듬이 있는 것처럼 들리지 않으세요? 운율은 말소리에서 문장, 구, 단어 등을 끊어 낼 수 있고, 또한 말소리 단어를 잘라내서 확인하는 데에 굉장히 중요한 역할을 합니다. 분명히 나는 옳은 문법의 문장을 말했는데 제 말을 듣는 미국인 교수는 제 말을 이해하지 못한 듯 고개를 갸우뚱합니다. 이런 경우에 틀림없이 저는 영어의 정상적인 운율 대로 말한 것이 아니라 한국어식의 운율로 조금은 평탄하게 잘못 끊어서 영어를 말한 경우입니다. 이 연구에서의 첫 번째 관심사는 평소 한국어 생활에서 운율을 많이 사용하지 않는 우리나라 성인이 영어 운율을 배울 수 있는지에 대한 것이었어요. 보통 언어 생활에서 경험해보지 못한, 그래서 어찌해야 할지를 잘 모르겠는, 매우 생소한 것은 공부를 해도 잘 못 배우잖아요. 우리들에게 영어 운율이 이런 경우라고 생각이 들었습니다. 우리나라 사람이 영어 운율을 배울 수 있을지에 대해서 관심을 갖게 된 또 다른 이유가 있습니다. 영어 문장의 운율을 절대적인 기준으로 옳은지 혹은 틀리는지를 판단할 수 없다고 생각했습니다. 영어 문장의 운율은 옳고 그름의 문제가 아니라 오히려 자연스러운지 아니면 부자연스러운지에 대한 문제라고 생각했습니다. 학습해야 하는 대상이 분명하면 학습이 손쉽게 이루어지지만 학습해야 하는 대상이 '자연스러운지'처럼 경계가 불명확한 경우에는 매우 어려울 것이라고 예상했습니다. 세 번째는 부가적인 사소한 질문입니다. 운율 학습을 반복하면 무엇이 달라지는 것인지를 살펴보는 것이었습니다. 정확성이 높아지는 것인지 아니면 속도가 빨라지는 것인지를 알아보고 싶었습니다. 정확성 문제는 기억과 더 관련이 있어 보이고 속도 문제는 언어심리 정보처리와 더 관련이 깊다고 생각했기 때문입니다.

아래 [그림9]는 영어 운율을 1일 간격으로 분산 학습한 실험 세팅과 학습 결과입니다. 실험 세팅에서 판단을 하도록 하는 것이 중요하다고 생각합니다. 앞에서 선언적 기억과 절차 기억과 암묵 기억 등의 비선언적 기억을 말했는데, 이런 판단이 절차 기억을 증진시키는 데에 중요한 역할을 하기 때문입니다. 운율을 처음부터 끝까지 암송해 보도록 유도한 것이 거든요. [그림9]는 외국어인 영어의 운율 학습 연구의 방법과 결과를 제시하고 있습니다. (가)는 연구 절차입니다. '사전-검사 → 운율 학습 → 사후-검사'로 이루어집니다. 학습 실험에서 사용되는 전형적인 절차입니다. 운율 학습이 효과적이었는지 여부를 조사하기 위해 사후-검사Post-Test와 사전-검사Pre-Test의 차이를 분석합니다. {(사후-검사)-(사전-검사)} 점수가 우연인지를 조사하려고 '(사전-검사) → 운율과 관련 없는 다른 학습 → (사후-검사)'의 통제 조건을 사용합니다. 통제 조건에서의 {(사후-검사)-(사전-검사)} 차이와 '(사전-검사) → 운율 학습 → (사후-검사)'의 {(사후-검사)-(사전-검사)} 차이를 비교하여 운율 학습의 효과가 우연인지를 통계 분석합니다. 만일에 {(사후-검사)-(사전-검사)} 차이가 우연적인 것이라면 통제 조건과 실험 조건에서 동일하겠지요. 가장 좋은 결과는 실험 조건에서는 {(사후-검사)-(사전-검사)} 차이가 유의미하게 존재하고 통제 조건에서는 {(사후-검사)-(사전-검사)} 차이가 없는 경우입니다.

(가) 연구 절차

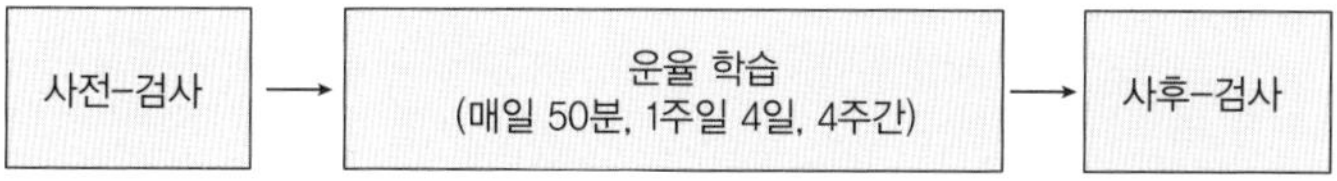

(나)−1 학습 진행 결과: 반응 시간

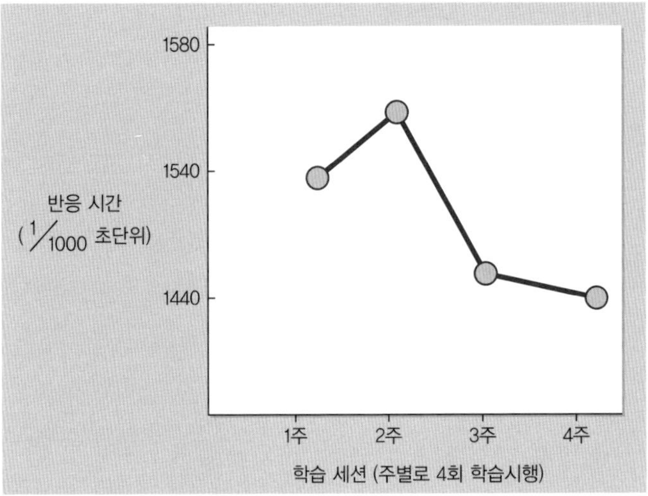

(나)−2 학습 진행 결과: 정확률

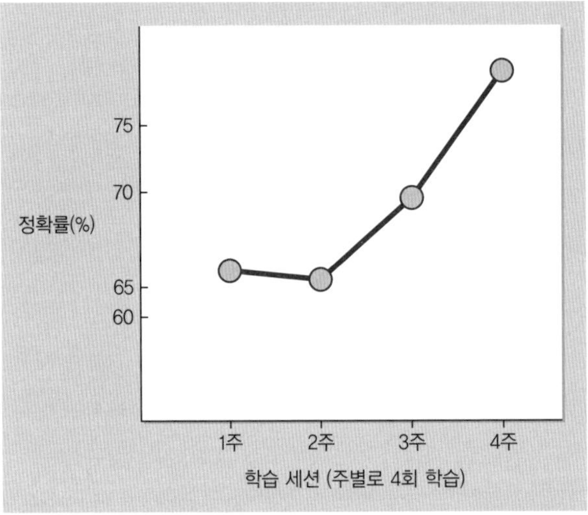

(나)-3 학습 진행 결과: 사전-검사와 사후-검사 차이

	사전-검사	사후-검사	학습 효과
정확율	0.76	0.77	차이 없음
운율 판단 시간	1273ms	1308ms	차이 있음

* ms는 1/1000초 단위의 millisecond를 의미함

[그림9] 영어 운율 학습. (가) '사전-검사 → 운율 학습 → 사후-검사'의 연구 절차를 제시하고 있습니다. (나). 1주일, 2주일, 3주일, 4주일이 지나면서 학습 진행되는 정도를 반응 시간과 정확율의 변화를 제시하고 있습니다.

(사전-검사)와 (사후-검사)에서는 지금 듣고 있는 영어 문장의 운율이 자연스러운 지를 판단하도록 하여 판단하는 데 소요되는 반응 시간과 반응의 정확율을 측정하였습니다. 운율 학습 기간에도 실험 참가자는 들리는 운율이 정상적인 것인지를 판단하도록 하였습니다. 검사하는 것처럼 수행하는 학습을 진행하였습니다. 학습 시기 동안 틀린 반응을 하면 옳은 운율을 제시하여 수정하도록 하였습니다. 옳게 판단해야 하는 문장이 80%였고, 옳지 않은 '아니오' 반응을 해야 하는 학습 문장이 20%로 구성하여 '예'에 해당되는 옳은 운율에 많이 노출되도록 학습을 진행하였습니다. 학습 조건은 분산 학습 조건과 집중 학습 조건이었습니다. [그림9]의 (나)에 결과가 제시되어 있습니다. (나)-1에는 반응 속도가 제시되어 있습니다. 그래프에서 보듯이 학습이 진행될수록 반응 속도가 짧아졌습니다. 운율을 언어심리 정보처리하는 속도가 효율적으로 변해간다고 말할 수 있겠습니다. (나)-2는 정확률을 보여주고 있습니다. 4주간의 학습 후에도 전체적으로 한국인에게 영어 운율은 어려운 것처럼 보입니다. 정상적인 운율 문장이 80%를 차지했음에도 불구하고, 즉 참가자들이 거의 '예' 반응을 주로 해서 많은 옳은 반

응을 하도록 실험 조건을 만들었음에도 불구하고, 정확율이 70% 근처였습니다. 모국어 한국어에서 운율을 많이 사용하지 않아서 운율에 익숙하지 않기 때문일 수 있다고 생각이 듭니다. 안타깝게도 분산 학습 조건과 집중 학습 조건 간에는 차이가 없었습니다. 운율 학습이 어려워서, 두 조건 모두에서 어려워서 차이가 없었던 것으로 추측이 됩니다. 그래서 결과 부분에 제시된 결과는 두 조건을 합친 것입니다. (나)-2를 보면 그래도 학습이 진행될수록 정확율이 증가하는 것을 볼 수 있습니다. 65% 정도에서 75% 정도로 증가하고 있지요? 영어 운율이 어렵지만 그래도 학습되는 것이 보이지요. (나)-3에 (사전-검사)와 (사후-검사)의 결과가 제시되어 있습니다. 결과에서 보듯이 정확성에선 학습효과가 보이지 않았습니다. 그러나 판단 시간에서는 오히려 운율 학습을 진행하면서 판단 시간이 증가하는 형태로 학습 효과가 나타납니다. (나)-2의 결과와 상반된 결과를 보이고 있습니다. 1주 단위의 학습 시기에는 학습이 더 진전될수록 반응 시간이 점차 빨라지는 형태를 보이고 있지만, {(사후-검사)-(사전-검사)} 차이에서는 오히려 학습 후에 운율 판단 시간이 길어지는 반대의 현상을 보이고 있습니다. 사후검사에서 운율 판단 시간이 증가한 이유는 여러 가지가 있을 수 있지만, 실험 후의 참가자 면담 내용을 살펴보면 다음과 같이 해석할 수 있을 것 같습니다. (사후-검사) 때에는 문장의 의미를 이해할 수 있었다고 보고합니다. (사전-검사) 때에는 그렇지 않았는데요. 이런 참가자의 보고에 근거하여 (사후-검사)에서 운율 판단 시간이 길어진 이유를 설명해 보면, 운율 학습 후에 영어 문장의 의미가 들리기 시작하면서, 문장 의미가 자동적으로 활성화되고 이 의미 활성화가 운율 판단에 방해를 일으켜서 운율 판단 시간이 길어지지 않았나 추측해 봅니다. 이처럼 참가자의 보고를 참고해 보면 운율 학습 자체가 효과를 확인하기 위해서는 오히려 학습 기간 동안의 정확률과 반응 시간의 속도 변화를 중심으로 해석하는 것이 옳아 보입니다. 어쨌든 외국어 운율 학습 실험은 국내외적으로 최초인 것 같은데, 운율 학습과 평가도 본 연구에서 수행한 것처럼 진행할 수 있다는 가능성을 제시하였습니다. (나)−1과 (나)−2를 기준으로 운율 기억과 운율의 언어심리 정보처리 효율성이 학습에 의해 향상된다고 볼 수 있겠습니다.

분산 효과를 전체적으로 정리해 봐요. 아래 [그림10]을 가지고 설명해 봅시다. 분산 효과 정리는 Pashler, Rohrer, Cepeda, 그리고 Carpenter (2007)에 따른 것입니다. 이분들이 기억과 관련된 중요한 연구를 많이 했어요. 먼저 실험 세팅부터 살펴봐요. [그림10]의 (가)에는 연구 절차를 그림으로 나타내고 있습니다. 학습 간격Inter-study Interval, ISI과 기억 보유 기간Retention Interval, RI이 중요합니다. 그림에서 보듯이 1번 공부와 2번 공부 간의 간격이 학습 간격, ISI이고, 기억 보유 기간, RI는 마지막 공부를 마치고 시험을 볼 때까지의 기간입니다. 그렇게 복잡한 것이 없죠. [그림10]의 (나)는 여러 학습 간격, ISI와 기억 보유 기간 간격, RI에 따른 학습 효과를 나타내고 있습니다. 기억 보유 기간은 10일과 6달 조건이었고, 학습해야 하는 재료는 한 조건은 외국어 단어 암기, 역사적인 사실 같은 것 학습, 물건의 이름 학습 등 3종류였습니다. 10일간의 보유 기간을 둔 경우가 60일의 기억 보유 기간 조건 보다 기억이 월등히 우수합니다. 당연하죠? 마지막 공부하고 시험 볼 때까지의 간격이 길면 당연히 망각이 많이 일어나겠지요. 동일한 6개월의 기억 보유 기간이 있는 경우에는 물건의 이름을 암기하는 경우가 더 어려웠습니다. 기억 보유 기간에서도 차이가 있을 수 있고, 학습 내용에 따라서도 학습 정도가 다르다는 것을 의미합니다. 아마도 우리가 영어 문법을 배우는 경우가 가장 어려울 것이라고 생각이 되네요.

(가) 연구 절차

(나) 연구 결과

학습 간 간격 / 기억 보유 기간	ISI/RI 비율					
	0	0.2	0.4	0.6	0.8	1
10일 기억 보유 기간 (외국어 단어 학습)	55%	75%	68%	68%	66%	65%
6개월 기억 보유 기간 (역사 사실 학습)	26%	58%	47%			45%
6개월 기억 보유 기간 (물건 이름 학습)	8%	28%		20%		18%

[그림10] 분산 효과 정리 (Pashler, Rohrer, Cepeda, 그리고 Carpenter, 2007).

10일간의 기억 보유 기간 조건에서는 학습 간격이 1일인 조건에서 가장 기억이 우수하였고, 6개월의 기억 보유 기간 조건에서는 학습 간격이 28일 그래서 ISI/RI 비율이 0.2가 되는 경우에 가장 기억이 높았습니다. 그리고 눈여겨봐야 하는 사실은 학습 간의 간격이 매우 짧으면 매우 긴 경우보다도 오히려 기억이 좋지 않다는 것입니다. 또한 몇

일 후에 시험을 볼 경우에는, 짧은 기간 내에, 학습 간의 간격을 짧게 하여야 하고, ISI/RI 비율을 0.1 혹은 더 작은 비율이 되게 조정하는 것이 좋고, 여러 달 이후에 시험을 보는 경우에는 학습 간의 간격을 넓히는 것이 유리하다는 것입니다. 위의 결과는 외국어 학습에만 적용되는 것이 아니고 다른 학습들에서도 그대로 적용될 수 있습니다. 시험 날짜가 정해져 있으면 오늘부터 시험 날짜까지의 기간을 날짜로 계산하고 그 다음에는 최상의 ISI/RI, 0.2가 되는 학습 간격을 날짜로 계산하면 될 것 같습니다. 지금 위에 제시된 결과는 선언적 기억에 관한 결과입니다. 아직까지 비선언적 기억과 분산 학습 효과와의 관련성은 아직 잘 알려지지 않았습니다. 외국어 단어의 연어를 사용하여 4주간 실험한 것도 제 기억에는 처음인 것 같습니다. 보통 몇 개월 이상의 장기간을 두고 학습의 효과를 조사하는 연구가 매우 어렵기 때문입니다.

위에서 본 것처럼, 최초의 기억을 만드는 데에 분산 학습이 효과가 있습니다. 그런데 이것만으로는 부족합니다. 기억 속의 영어 지식을 재빨리 생각해내기 위해서는 더 많은 반복과 훈련이 필요합니다. 즉 위의 결과는 언어 지식을 선언적 기억에 효과적으로 남기는 방법에 관한 것입니다. 기억하고 있어서 아는 것도 느리게 생각해낼 수도 있고 아주 빠르게 기억해 낼 수도 있습니다. 위의 기억 응고화와 관련해서 생각해보면, [그림5]의 (A)와 (B)를 통해 해마와 피질 영역 간의 연결 그리고 해당 피질 내의 연결 등을 구성하는 과정으로 볼 수 있습니다. 아주 빠르게 기억해내려면 (C) 과정으로 넘어가야 합니다. 그러기 위해서는 반복적인 연습이 필요합니다. 그래서 나중에는 기억해내야 하는 내용의 일부만 제시되어도 관련된 정보가 거의 자동적으로 활성화되도록 연습이 필요합니다. 이런 종류의 효과를 '과잉 학습 효과Overlearning Effect' 라고 합니다(Driskell, Willis, and Copper, 1992). 공부를 많이 해서, 이제는 내가 다 알아서 100점을 받아요, 그런데 이 '과잉연습효과'는 100점을 받고도 더 학습할 때 발생되는 효과입니다. 그러니까 이런 걸 보면 잘못된 영어 공부 방법인데, 예를 들어 토플에서는 고득점을 받아요. 그래서 동의어, 반의어 잘 골라서 답을 하죠. 그런데 미국 사람을 만나서 대화를 하면 알아듣지 못하고 말을 못해요. 그러니까 알긴 아는데, 짧은 시간에 생각이 나고, 말을 해야 하는데, 그 짧은 시간 안에 정확한 영어 문법이나 단어 같은 내용이 떠오르지 않는 거예요. 짧은 시간에 그런 내용이 떠오르려면, '과잉 학습'을 해야 합니다. 8시간이면 완벽하게 외웠는데, 8시간 말고 2시간을 더 하게 되면, 완벽하게 알 뿐만 아니라, 속도가 빨라집니다. 그러면 미국 사람과 만나서 대화할 때 금방 알아듣고, 금방 이야기할 수 있는 겁니다. 그래서 엉덩이가 무거운 사람이 공부를 잘한다고 하잖아요. 그러니까 많은 시간을 어떤 내용에 투자한 사람을 이길 방법은 없는 거예요. Driskell, Willis, and Copper(1992)의 결과에 따르면, 첫째로 과잉 학습을 할수록 기억의 효과는 더 증가하며, 둘째 과잉 학습의 효과는 초기에는 급격하게 증가하다가 과잉 학습이 증가할수록 그 효과의 증가율은 감소합니다. 다른 말로 바꾸어 보면 연습을 많이 할수록 기억 정보를 떠올려 인출해내는 속도가 더욱 더 빨라집니다. 그렇지만 빨라지는 비율은 감소한다는 것입니다. 아래에서 설명드릴 학습 함수의 일반적인 형태를 보인다는 것입니다. 또 다른 현상은 [그림11]에 제시하였습니다. 과잉 학습의 간격이 38일 정도의 간격이 있으면 과잉 학습 효과가 없고 1일이나 이틀 간격으로 과잉 학습하는 경우에 효과가 있다는 것입니다. 학습과 학습 간의 간격이 짧은 것이 효과가 큽니다. 간격이 길어질수록 과잉 학습 효과는 급격하게 감소합니다. 이런 현상을 외국어 단어 학습에 적용해봐요. 처음에 단어를 학습할 때에는 분산 학습 같은 방법을 사용해서 장기 기억의 1차 응고화를 원활하게 합니다. 공부해야 하는 단어를 모두 암기하고 나면 이번에는 지금까지 공부했던 횟수의 2배 이상의 공부를 1일이나 아니면 더 짧은 간격으로 반복합니다. 아무래도 외국어 단어를 계속 뇌에 집어 넣는 훈련보다는 떠올려 인출해 내는 반복 훈련이 더 좋겠지요. 실제로 이 단어들을 영어를 이해할 때나 말할 때에 재빠르게 인출해 내는 것이 필요하니까요.

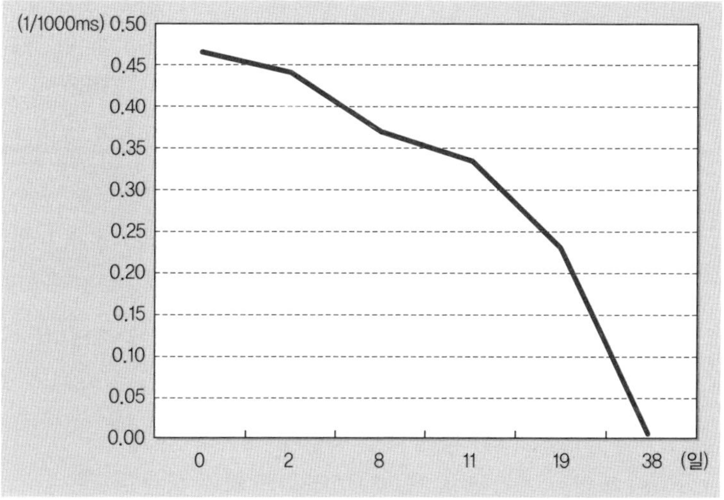

[그림11] 과잉 학습과 학습 간의 간격이 길어질수록 감소하는 과잉 학습 효과 변화.

또 다른 효과는 제가 'Learning–by–Testing평가를 통한 학습'이라고 부르는 것입니다. 100개의 영어 단어를 암기한다고 생각해봐요. 대부분의 학생들은 영어 단어의 스펠과 의미를 연관 지어서 기억 속에 넣는 작업을 반복합니다. 'Learning-by-Testing평가를 통한 학습'은 한 번 암기를 했으면 또 암기하는 과정을 반복하는 대신에 시험을 보는 겁니다. 의미를 옆에 적어 놓고 그 의미에 해당하는 영어 단어를 생각해내는 시험을 보는 것입니다. 틀린 것이 있으면 확인하고 다시 시험을 동일한 방법으로 보는 것입니다. 반복적으로 기억으로 넣으려는 암기 학습을, 약호화Encoding를 반복하는 것보다는 반복적으로 시험을 보고 수정하고 다시 시험 보는 것이, 즉 인출 훈련Retrieval Practice을 반복하는 것이 기억에 훨씬 도움이 된다는 것입니다.

다음 [그림12]에 제 연구실에서 이런 내용을 실험한 방법과 결과가 제시되어 있습니다(백연지, 정태원, 남기춘, 2014). (가)는 학습하고 시험 보는 실험 세팅을 나타내고 있는데요, 일종의 학습하는 공부 방법이라고도 볼 수 있겠습니다. 3종류의 학습 방법이 소개되었어요. 보통은 공부를 학습을 모두 다한 다음에 시험을 보잖아요. 그런데 여기서는 학습을 한 번 하고 나면 매번 시험을 봅니다. 이런 것이 여기서 소개되는 세 종류의 방법이 기존의 방법과 다른 것이고, 'Learning-by-Testing평가를 통한 학습'을 강조하는 방법들입니다. 세 종류의 학습 방법들 간의 차이는 학습과 시험 보는 비율이 다를 뿐입니다. 80개 단어를 4회기에 걸쳐서 학습하고 시험 본 것은 모두 같아요. 1번 교차 학습 조건에서는 학습하고 시험 보고를 매 회기마다 하였고, 2번 반복 검사 조건에서는 학습 회기 때마다 80단어 모두를 대상으로 시험은 보았지만 학습할 때에는 앞 회기에서 틀린 것만 학습하였습니다. 만일 처음 시기에 50개를 맞추었다면, 두 번째 학습 시기에는 틀린 30개만 재학습을 하게 되고 시험은 80개 모두 봅니다. 3번의 반복 학습 조건에서는 모든 학습 회기 때마다 80 단어 모두를 학습하였지만 시험 볼 때에는 앞 회기에서 틀린 것만 검사하였습니다. 2번은 시험을 더 많이 보도록 한 것이고, 3번은 학습을 더 많이 하도록 학습 스케줄을 짠 것입니다. 학습 양으로 보면 1번과 3번이 동일하고, 시험 본 양으로 보면 1번과 2번이 동일하지요. 그래서 1번은 일종의 기본이 되는 통제 조건입니다. 1번과 2번 조건의 시험 성적이 유사하다면, 시험 보는 양이 학습하는 양보다 더 중요하다는 의미이겠죠? 1번과 3번 조건의 시험 성적이 유사하다면, 시험 보는 양보다는 학습하는 양이 더 중요하다는 의미이겠고요. 맞죠? (가)에서 'S'는 'Study'를 나타내고, 'T'는 "Test"를 나타냅니다. 300ms 등은 300/1000초 동안 그 자극을 제시했다는 의미입니다. 즉시 단어 회상 검사Immediate Word Recall Test'는 학습 후의 시험을 나타내고요.

[그림12]의 (나)는 학습이 진전됨에 따른 영어 어휘에 대한 기억이 증가하고 있는 것을 나타내고 있습니다. 세 방법 모두 학습이 진전될수록 회상율이 증가하고 있는 것이 보이죠? X축은 학습한 회기, 1번 2번 3번 4번을 나타내고 있고, Y축은 기억율을 나타내고 있습니다. 학습 초기에는 학습되어 기억되는 양이 많다가 학습 후기로 가면 학습 속도가 줄어들고 있지요? 일반적인 현상입니다. 세 종류의 방법이 약간의 차이가 있어 보이기는 하지만 이 그래프만 가지고는 어느 학습 조건이 가장 우수한지를 알기가 어렵네요. 약간의 차이이지만 가-1조건, 교차 학습 조건이 가장 우수해 보입니다. 그리고 가-2와 가-3의 반복 검사 조건과 반복 학습 조건 간에는 차이가 없는 것처럼 보이네요. 지

금 보시고 있는 그래프는 학습 속도를 보시고 있는 겁니다. 학습 결과로 응고화된 궁극적인 기억이 아니고요. Y축의 회상율은 1회 학습하고 바로 실시한 회상 검사에서의 점수를 나타낸 것입니다. 진짜 기억 검사는 1주일 후에 이루어졌으니까요.

[그림12]의 (다)는 4번의 학습이 모두 끝나고 1주일이 지난 후에 실시된 기억 검사의 결과를 보여 주고 있습니다. 지연 회상 검사Delayed Recall Test, 암묵 기억을 조사하기 위한 단어 완성 검사Word Completition Test, 그리고 마지막으로 어휘 판단 과제Lexical Decision Task의 정오율과 어휘 판단 시간Lexical Decision Time, 단어 인식 시간이 제시되어 있어요. 회상 검사는 학습했던 80개 단어 모두를 기억해 내서 컴퓨터에 적어 넣는 것이고, 정확율을 보면 대개 30% 정도여서 높지는 않네요. 망각을 많이 했습니다. 학습하고 일주일이나 지나서 갑자기 회상 검사를 했으니까 그럴만도 합니다. 실험 참가자들에게 사전에 이런 종류의 기억 검사를 할 거라고 말해 주지 않았거든요. 몰래 연습하는 것을 피하려고요. 단어 완성 검사는 'mo____'처럼 2글자 단서를 주고 생각나는 단어로, 'mother'처럼으로, 학습 시기에 공부했던 것으로, 완성하는 정도를 측정하는 기억 검사로 의식하지 못하는 수준에서 일부러 기억하려고 하지 않아도 생각나는 기억을 조사하는 겁니다. 나는 기억하고 있다고 생각하지 않지만 나도 모르게 알고 있는 단어 학습 정도를 측정한 것입니다. 마지막으로 어휘 판단 과제는 언어심리 정보처리 능숙도를 측정하기 위한 것입니다. 조금 있다가 뒤에서 볼 것이지만 단어를 기억하고 아는 것도 중요하지만 더 중요한 것은 배운 단어를 사용할 줄 아는 것입니다. 정보처리 기술 같은 것이지요. 우리가 단어를 알아도 못

알아 듣고 말하지 못하는 이유가 바로 이런 언어심리 정보처리 기술이 부족해서라고 저는 생각합니다. 마치 수행 평가 같은 것이지요. 정확율은 단어를 단어로, 단어 아닌 것을 단어 아닌 것으로 인식한 정확성을 나타내고, 재인 속도Word Recognition Speed는 단어 인식 속도를 1/1000초 단위로 측정한 것입니다. 대략 700밀리세컨드millisecond, 700/1000초 정도가 걸렸네요. 미국 사람들은, 모국어 화자들은 대략 500밀리세컨드 정도 걸리는데, 우리가 막 배운 단어에 대한 인식 시간은 상당히 느리네요. 저는 외국어 학습의 결과를 측정할 때 지금처럼 선언적 기억의 일화 기억(여기서는 지연 회상 검사), 비선언적 기억(여기서는 단어 완성 검사), 그리고 언어심리 정보처리기술 기억(여기서는 어휘 판단 과제) 등의 기억의 세 부분에 대해 측정하는 것이 옳다고 생각합니다. 대부분의 외국어 시험은 선언적 기억 부분을 측정하고 있지요. 문제가 있다고 생각합니다. 그래서 자주 보는 영어 시험 성적은 우수해도 영어를 여전히 잘 사용하지 못하는 이상한 고급 영어 전문가가 되는 것이지요. 먼저 지연 회상 기억 검사의 점수를 살펴봐요. 교차 학습 조건(33%)과 반복 검사 조건(30%) 간에는 통계적으로 차이가 없습니다. 3% 차이는 우연적인 차이로 해석됩니다. 그러니까 시험을 많이 보면 공부를 덜 해도 유사한 학습 효과를 보인다는 의미이지요. 교차 학습 조건(33%)과 반복 학습 조건(21%) 간에는 통계적으로 차이가 있습니다. 무려 12%의 차이가 있으니까요. 이 차이는 우연적인 차이가 아닙니다. 왜냐하면 추론 통계로 분석한 결과이니까요. 이 결과를 해석해 보면 공부를 같은 시간 해도 시험을 자주 안 보면 공부의 효과가 떨어진다는 의미입니다. 단어 완성 검사, 암묵 기억 검사에서는 세 조건 간에 통계적인 차이는 보이지 않았지만 교차 학습 조건과 반복 검사 조건이 우수하고 반복 학습 조건이 가장 열등한 경향성이 보입니다. 통계적인 유의성이 확보되지 않은 결과이기에 결론적으로 이야기하기는 어렵습니다만 우수한 경향성은 있습니다. 언어심리 정보처리기술 기억(여기서는 어휘 판단 과제)에서도 암묵 기억 검사에서처럼 세 조건 간에 추론 통계적인 유의성은 나타나지 않았고 경향성만 있었습니다. 정확율은 반복 검사 조건이 82%로 가장 높았고 단어 인식 시간은 687/1000초로 두 번째로 빨랐습니다. 정확율과 속도를 모두 고려하면 반복 검사 조건이 가장 우수하다고 볼 수 있겠습니다. 보통은 인식 속도가 빨라지면 실수율이 증가하는 현상을 보입니다. 그런데 이번 결과에서는 반복 검사 조건에서 정확율도 높고 인식 속도도 빨랐다는 것이 매우 고무적인 결과입니다. 이런 결과를 보면 귀찮더라도 스스로 시험 문제를 만들어 놓고 수시로 시험을 보는 것이 훨씬 경제적이겠지요.

(가) 회기별 어휘학습 절차

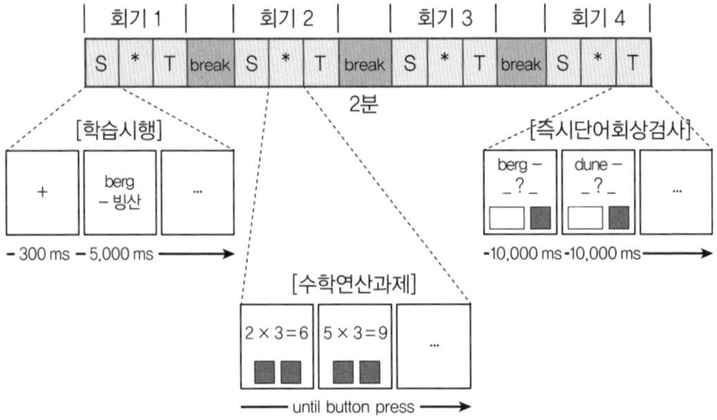

(나) 회기별 학습곡선(누적 평균 즉시회상률)

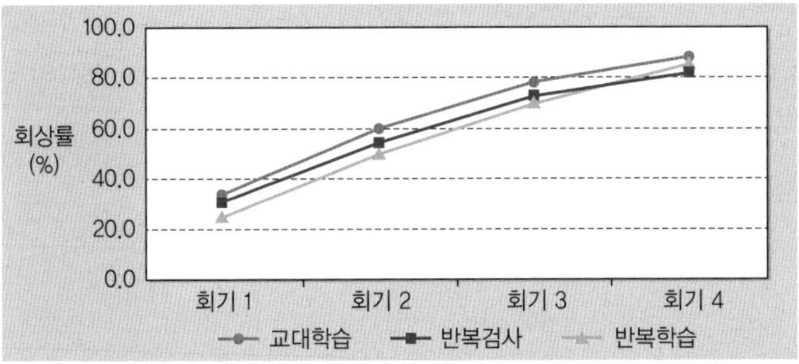

(다) 어휘 학습집단별 기억검사 결과

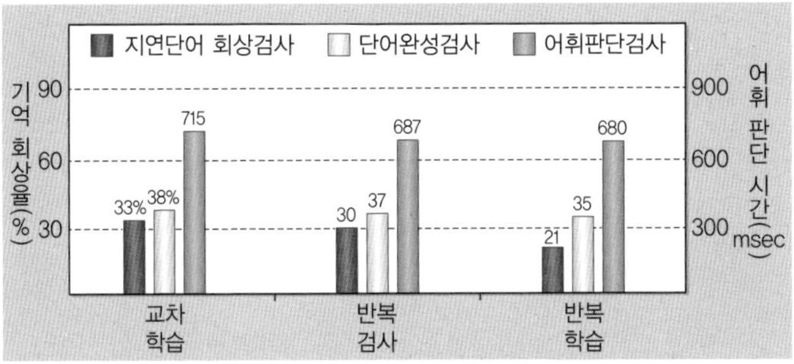

[그림12] 외국어 단어 학습과 'Learning-by-Testing'(평가를 통한 학습)의 학습 효과(백연지, 정태원, 남기춘, 2014). / (가). 학습 세팅. 80개 단어를 4회기에 걸쳐서 학습하고 시험 보았습니다. 학습 단어 제시, 수학 연산(반복 학습을 방지하려고 사용), 그리고 즉시 회상 검사(Immediate Recall Test)로 구성되었습니다. / (가-1). 교차 학습 조건에서는 학습하고 시험 보고를 매 회기마다 하였고, / (가-2). 반복 검사 조건에서는 모든 회기에서 80 단어 모두에 대해 시험은 보았지만 학습할 때에는 앞 회기에서 틀린 것만 학습하였습니다. (가-3). 반복 학습 조건에서는 모든 회기에서 80단어 모두를 학습하였지만 시험 볼 때에는 앞 회기에서 틀린 것만 검사하였습니다. / (나). 학습이 진행되는 정도를 나타내고 있습니다. 앞에서 설명한 학습 함수를 정확율 위주로 그린 것으로 설명한 것과 유사하게 학습이 진행되고 있는 것을 나타내고 있습니다. / (다). 4회기의 학습 후, 1주일이 지난 다음에 회상 검사(Recall Test) 정확율, 단어 완성 검사(Word Completion Test) 정확율, 어휘 판단 과제(Lexical Decision Task)의 정확율과 속도를 나타내고 있습니다.

외국어인 영어 단어를 암기 위주로 학습한 경우와 시험 위주로 공부한 경우를 비교한 것입니다. 결과에서 보듯이 시험 위주의 학습이 더 효과적입니다. 특히 공부를 마치고 1주일 정도 시간 지난 후에는 이런 시험 위주의 학습법의 우월성이 더 두드러집니다. 처음에 어떤 내용을 학습해서 암기할 때, 우리는 있는 그대로 받아들이지 않습니다. 해석해서 내 입맛에 맞게 가공해서 암기합니다. 이런 기억의 특성을 기억의 구성적 혹은 창의적 특성이라고 부릅니다. 기억하는 사람에게 필요한 형태로 가공해서 암기한다는 뜻입니다. 가공은 기억 내용을 왜곡한다는 의미이고요. 즉, 틀리게 기억한다는 의미이죠. 시험을 자주 보면 이런 왜곡된 정보를 수정해서 원래의 내용으로 바꾸어 주는 효과가 있습니다. 물론 시험 보는 것이 단순히 암기하는 것보다 더 많은 노력이 들어 갑니다. 일반적으로 노력이 많이 들어 가면 기억도 우수합니다. 이유는 여러 가지가 있겠지만 현상은 시험 위주의 학습이, 반복적으로 인출 훈련을 하는 것이 더 효과적이라는 것입니다.

지금까지 논의한 내용을 잠깐 정리해 봐요. 외국어인 영어를 능숙하게 사용할 수 있으려면 많은 시간과 노력이 필요합니다. 정확한 수치는 아니지만 어떤 분야에 전문가 수준이 되려면 매번 온 신경을 쓰면서 10,000시간 정도의 시간을 보내야 한다고 합니다. 그런데 말이 그렇지 어떻게 10,000시간을 열심히 공부하면서 보내기가 쉽겠어요. 우리의 미션은 분명합니다. 우리들이 해야 할 일은 첫 번째로는 '어떻게 하면 포기하지 않고 그렇게 많은 시간을 보낼 수 있게 할 수 있는지'를 생각해내야 하고, 두 번째로는 똑같은 시간을 보내더라도 더 효과적으로 할 수 있는 방법을 찾아내야 하는 거죠. 그중 하나가 '분산 효과'라고 말씀을 드렸고요. 또 다른 것들은 'Learning-by-Testing평가를 통한 학습'과 '과잉연습효과Overlearning Effect'를 말씀드렸습니다.

다음에는 외국어 영어 구를 어느 속도로 제시하는 것이 좋은지를 설명해 보려 합니다. 장기 기억이 만들어지는 과정 중에 측정된 뇌파들이 여러 종류가 있습니다. 여러 뇌파 중에 특히 1초에 1번 근처의 주기성을 갖는 뇌파가 기억 응고화에 중요한 역할을 합니다. 그렇다면 외국어 학습할 때에도 이런 주기로 외국어 단어 등을 제시하면 다른 주기로 제시하는 것보다 더 큰 학습 효과가 있지 않을까 추론했습니다. 동일한 방법으로 학습을 하더라도 기억과 관련된 뇌 활동의 주기성에 맞도록 학습하는 속도를 조절하게끔 하면 더 효율적일 것이라는 것이죠. 가장 흔하게 접하는 영어 단어 80개를 선택하고, 이 80개의 단어로 이루어진 명사구 혹은 동사구 등의 영어 학습 재료를 준비하였습니다. 그리고 이들 구가 포함된 매우 간단한 영어 문장을 구성하였습니다. 대학생 실험 참가자들은 1주일 간격으로 6번의 학습을 하였습니다. 매번 문장 학습이 끝나고 나면 화면에 제시된 구를 학습 시기에 본 기억이 있는지를 묻는 재인 기억 과제Recognition Memory Task와 그 구가 문법적으로 옳은 지 여부를 묻는 문법 판단 과제Grammatical Judgement Task를 수행하였습니다. 재인 기억 과제는 선언적 기억을 측정하기 위한 것이고 문법 판단 과제는 언어심리 정보처리 기술에 관한 비선언적 기억을 측정하기 위한 것이었습니다. 영어문장을 제시하는 조건을 3가지로 조절하였습니다. 1번 조건은 1초 간격으로 문장을 제시하였고(1Hz 조건), 2번 조건은 1초에 구를 2

번 제시하였고(2Hz 조건), 3번 조건은 1초에 4번을 제시하는 고주파에 해당되는 조건(4Hz 조건)이었습니다. [그림13]에 두 종류의 과제와 3집단 간의 차이가 제시되어 있습니다.

(가) 선언적 기억 검사인 재인 기억 검사 결과

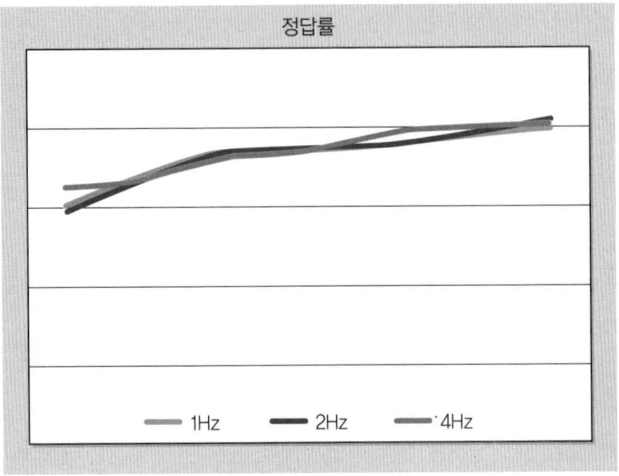

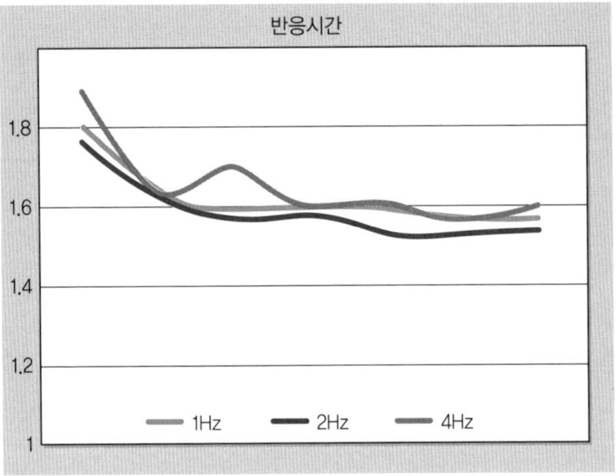

(나) 언어심리 정보처리 기술 기억 검사인 문법성 판단 과제의 결과

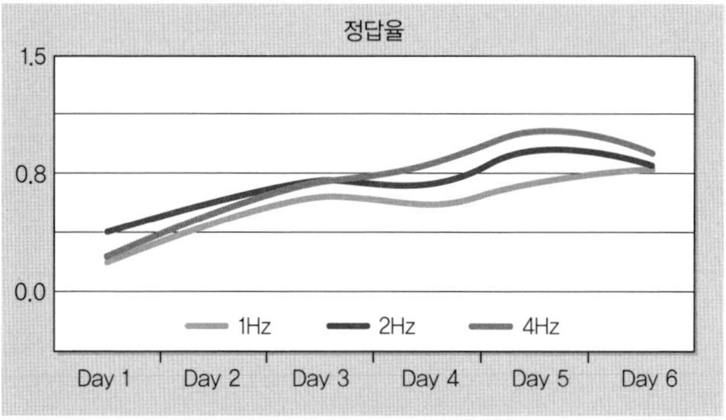

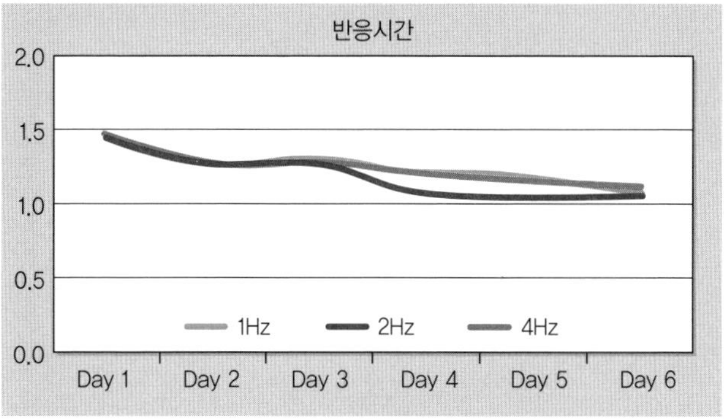

[그림13] 외국어인 영어 구(Phrase) 학습에 영향을 주는 최적의 제시 간격. (가)는 선언적 기억 검사 결과를 나타내고, (나)는 비선언적 기억 검사 결과를 나타내고 있습니다. 정확율의 단위는 (옳게 답한 것)/(전체 항목 수)의 비율이고, 반응 시간 단위는 초(Second)입니다.

[그림13]의 결과를 설명해 보겠습니다. 선언적 기억과 비선언적 기억 모두에서 학습이 1번, 2번, 3번 해서 전체 6번으로 증가할수록 기억 정확률이 증가하는 것을 제시하고 있습니다. 1번 학습한 후에 대략 모든 조건에서 67% 인근의 정확율을 보이다가 최종적으로는 80% 정도의 정확율에 머물렀습니다. 첫 번째에서 두 번째 학습으로 진행되면

서 정답률 증가가 가장 컸습니다. 학습 초기에 학습율이 더 큰 것을 보여주고 있습니다. 정확율에서는 1Hz, 2Hz, 4Hz 조건 간에 큰 차이가 없었습니다. 3조건 모두에서 기억이 상당히 우수한 편입니다. 학습한 것을 기억 속에서 끄집어 내는 속도도 처음에는 1250Millisecond이다가 6번 학습하고 나면 최종적으로 1150Millisecond 정도로 빨라졌습니다. 속도에서도 처음 학습 후에 2번째 학습하고 났을 때의 속도 감소가 가장 커서 정확율 결과와 유사한 패턴을 보이고 있습니다. 2Hz 조건에서만 1070Millisecond 정도로 가장 빨랐습니다. (가)에 제시되어 있습니다. 선언적 기억의 정확도와 인출 속도에서는 2Hz 제시 조건, 1초에 두 번 제시하는 경우가 가장 우수하였습니다.

[그림13]의 (나)는 문법성 판단에서의 학습율을 제시하고 있습니다. 문법성 판단 정확율에서는 1Hz 조건에서가 81%, 2Hz 조건에서가 82%, 4Hz 조건에서가 83%로 빨리 제시할수록 오히려 문법성 판단의 정확율이 증가하는 경향성을 보였습니다. 선언적 기억 결과와 조금 다르죠? 속도에서는 선언적 기억 결과와 유사하였습니다. 2Hz 조건에서 1100Millisecond로 가장 빨랐습니다. (나)에서 볼 수 있지요? 정리해보면 선언적 기억으로 구를 응고화 시키는 조건에서는 외국어 구를 1초에 2번 정도 제시하는 학습 환경이 가장 좋고, 비선언적 기억을 위해서는, 절차 기억과 같은 언어심리 정보처리를 위해서는, 1초에 2번에서 4번을 제시하는 경우가 우수하였습니다. 가장 안 좋은 조건이 1초에 1번 느리게 제시하는 조건이었습니다. 제시 시간이 길면 암송할 시간이 많아서 더 기억을 잘할 것 같았는데 오히려 잘 못했습니다.

이제 평가와 동기 유발과 관련된 내용을 살펴볼까요? 영어를 공부하면서 겪었던 제 경험은 어디까지 얼마나 많이 해야 되는 것인지 너무 막막하다는 것입니다. 도대체 내가 매일 새벽에 일어나서 시내의 유명 영어 회화 학원에 다녔는데, 무려 1년이나 투자했는데, 여전히 영어로 영화를 보면 영어가 들리지 않습니다. 너무 좌절이 됩니다. 무엇이 잘못된 것일까? 지난 1년 동안 학원에서 배운 것이 기억 어디에 남아 있기는 한 것인가? 앞으로는 어떻게 해야 하나? 더 학원에 다녀야 하는지 말아야 하는지…. 이런 비슷한 경험을 선생님들도 하셨을 것입니다. 아마 지금도 고민하고 계신지도 모르겠습니다. 이런 고민을 풀어 보려고 연구실에서 대학원생들과 책과 논문을 읽고 실험을 해보기도 했습니다. 아래에 그 일부를 소개해 보겠습니다. 학습 함수입니다. 수평축 X축은 학습한 횟수를 나타내고, 수직축, Y축은 학습 성과를 나타냅니다. 이런 함수를 이용하면 학원에 1년 동안 다닌 효과를 스스로 검증해 볼 수 있습니다. 대단한 수학도 필요 없습니다. 그저 나와 있는 대로 몇 종류의 수리적 변환만 거치면 됩니다. 이런 학습 함수를 구하면 처음 영어 공부를 시작할 때에 내가 어느 지점에, 어느 수준에 있었는지를 알 수 있고, 1년 동안 영어 공부를 한 지금은 어느 위치에 있고 그래서 지난 1년동안 얼마나 영어 실력이 증가한 것인지를 알 수 있습니다. 1년 동안 영어 공부한 것이 헛수고가 아니란 것을 확인할 수 있습니다. 1년이 지나서도 미국 영화를 이해하지 못하는 이유가 아무 것도 배우지 못해서가 아니고 아직 완성되지 않아서라는 것을 알게 되고 조금은 안심이 되는 순간입니다. 더 좋은 것은 이 학습 함수를 가지고 간단한 수학적 변화를 거치면 지금부터 얼마나 더 영어를 이런 식으로 공부하면 미국 영화를 알아들을 수 있는지를 추정해 볼 수 있다는 것입니다. 이런 것을 알면 영어 학습 효과가 없는 것 같아서 실망하고 있다가 새롭게 공부할 의욕을 찾는 순간이지 않겠습니까? 저는 이런 내용을 만들어 놓고서 너무나 신나 했습니다. 영어 공부를 하다가 중간에 자꾸 포기하는 이유 중의 하나가 해도 해도 끝이 없는 것 같은 막막함이잖아요. 그런데 이런 학습 함수 같은 것이 있으면 얼마나 더 하면 어느 수준에 도달할 수 있는지 추정할 수 있으니까 큰 힘이 되지 않겠어요? 아래에서 이처럼 중요한 학습 함수를 공부해 봐요.

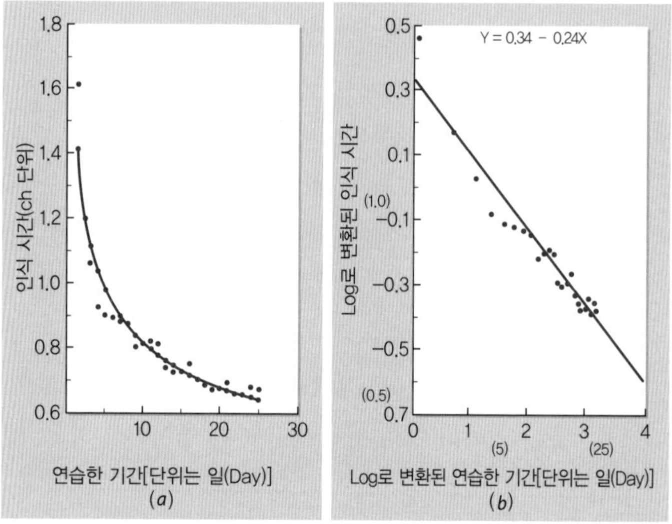

T = 1.40 * p^(− 0.24)
T = e^(0.34) * p^(− 0.24)

log T = log(e^(0.34) = log(p^(− 0.24))
log T = 0.34 − 0.24 log P
(e = 2.718281828...)

[그림14] 학습 함수(Anderson, 1995).

[그림14]의 왼쪽 그래프는 변환시키지 않은 원래 모습 그대로의 자료이고, 오른쪽 그래프는 X축과 Y축의 값에 Log를 적용하여 얻은

값입니다. X축은 연습한 날 수를 나타내고 있습니다. 그래서 10이라고 적힌 것은 10일 동안 연습한 것을 말하고, 20이라고 적힌 것은 20일 동안 학습 훈련을 했다는 것을 의미합니다. Y축의 Recognition Time은 학습한 내용을 기억 속에서 생각해내는데 걸리는 시간을, 재인 시간을 의미합니다. 그리고 sec.로 표현된 것은 Second, 초를 줄여 쓴 것으로 1분 1시간 그럴 때의 1초 단위를 나타냅니다. 아래의 수식에서 T는 재인 시간을 나타내고, p는 연습하고 학습한 날 수를, 10일 혹은 20일을 의미합니다. 왼쪽 아래 수식은 변환하지 않은, 원자료Raw Data에서 얻은 수식으로 궁극적으로 구하고 싶은 학습 함수입니다. 오른쪽의 수식은 자료를 Log로 변환해서 얻은 학습 함수이고, 직선 함수를 나타냅니다. 왼쪽 함수에서 X축은 '몇 번 공부했는지'를 나타내고, Y축은 '공부한 내용을 얼마나 아는지'를 나타냅니다. 사람은 일을 배울 때 초기에는 실수가 잦다가, 여러 번 연습하면 실수가 줄어들죠. 그런데 그것이 직선적으로 줄어들지 않고, 초기에는 실수율이 급격하게 떨어지다가, 나중으로 갈수록 실수율이 줄어드는 폭이 점점 작아지죠. 이 함수에서 알 수 있는 임플리케이션Implication이 여러 개가 있어요. 예를 들면, A라는 학생이 어쩌다 보니 중간고사 시험공부를 많이 못 한 거예요. 시험을 보기 전에 1시간 정도의 시간이 지금 남아있어요. '1시간을 공부해서 점수를 얼마나 얻을 수 있겠어?'라고 생각할 수 있죠. 그런데 저 그래프를 보면 그 1시간 공부하는 것이, 한 번 공부하고, 두세 번 공부할 때의 1시간보다 효과가 훨씬 더 크죠. 그 1시간의 공부를 안 하면 0점인데, 하면 70점이나 80점을 받을 수 있는 거예요. 그러니까 초기에는 학습의 효과가 매우 크고, 뒤로 갈수록 학습 효과가 작아지는 일이 일어나죠. 이 수식을 영어 단어 학습에 적용하면, 학습자 개인별로 영어 단어를 암기하는 학습의 속도를 알 수 있습니다. 고등학교 때 배운 수학 중 미분의 개념이 기억나시나요? 1차 미분을 하면 거리가 속도가 되고, 2차 미분을 하면 변곡점이 됩니다. 이때 변곡점은 속도의 변화를 얘기하는 것이잖아요. 그래서 저 함수를 2번 미분해서 변곡점이 0이 되는 지점을 찾으면, 그 지점이 '완전 학습'의 지점인 것입니다. 대개는 우리가 영어 공부를 할 때, 밑도 끝도 없는 것 같잖아요. 도대체 몇 번을 해야 되는 건지, 내가 지금 이걸 제대로 알고 있는 건지 정말 의심이 가고 너무 힘이 들잖아요. 그런데 저런 수식으로 2번 미분을 해서 0이 되는 지점을 찾으면 완전 학습을 이루는 지점을 찾을 수 있는 거예요. 이를 통해 '아, 내가 지금 10번을 반복했는데 앞으로 내가 5번만 더 반복하면 완전 학습 단계에 이르는 거구나'라는 것을 알게 된다면 포기하지 않을 것 같아요. 이런 함수를 이용하면 외국어 학습 별로 맞춤형 학습을 진행할 수 있습니다. 위의 수식에서 0.24와 0.34가 눈에 띕니다. 0.24는 학습 속도, 흔히 기울기라고 말하는 것입니다. 얼마나 빨리 배우는 가를 나타내는 것이죠. 이 숫자의 크기가 클수록 잘 배운다는 의미이고, 아마도 머리가 좋거나 학습할 때 집중력이 매우 높다는 의미일 것 같습니다. 0.34는 Y절편인데, 학습 초기에 아직 배우기 시작하기 전의 아는 정도를 말합니다. 영어 단어를 영어 단어 학습 시작 전에 알고 있는 정도를 말합니다. 이 값이 크면 이미 영어 단어를 많이 알고 있다는 의미입니다. 아무튼 이 수식을 잘만 이용하면 여러 모로 쓸모가 많아요. 우선은 개인 맞춤형 학습이 가능하겠죠. 학습 속도가 빠른 사람은 더 많이 제시해 주어야 하고, 느린 사람은 조금씩 제공해 주어야 할 것입니다. 코로나 때문에 온라인 수업을 하다 보니 대부분은 안 좋지만, 좋은 점도 조금 있습니다. 우선은 인터넷으로도 수준 높은 대학 강의를 할 수 있다는 것이고요. 다음은 비대면 수업을 하다 보니까 바로 개인 맞춤형 수업이 가능하다는 점입니다. 강의실에 여러 명을 대상으로 강의할 때는 평균적인 수준으로 강의를 할 수밖에 없는데, 컴퓨터를 이용해 온라인으로 하면 개인 맞춤형으로 강의를 할 수 있습니다. 저 함수의 커브curve가 학습자마다 다릅니다. 그러니까 학습자가 할 수 있는 능력만큼 내용이 제시되고, 저 함수를 통해 공부한 내용을 추정해서 얼마나 더 공부해야 하는지를 알려줄 수 있는 겁니다. 물론 문법이나 영어 단어나 소리를 변별할 수 있는 능력에 대한 함수들은 다르고, 그것을 조금 더 알아내야 합니다. 영역마다 적용하는 방법이 조금씩 달라서 커스터마이징화Customizing가 필요합니다. 그렇지만 일반적인 원리는 방금 위에서 자세히 설명한 것과 같습니다. 선생님들의 상황에 맞게 수정해서 적용해 보세요. 분명히 도움이 될 것입니다.

아래 [그림15]에 학습 함수를 이용해서 어느 초등학생의 한국어 학습을 도와준 사례를 제시하였습니다. 학생의 사전 진단 결과가 왼쪽에 있고, 처치 사항이 가운데 설명되어 있습니다. [그림15]에 기록되어 있는 대로 이 학생은 학습에 어려움을 겪고 있었습니다. 결과 부분에, 이 학생의 한국어 학습 함수 그래프를 찾아서 그 학생의 학업을 도와준 사례를 보여 주고 있습니다. 선생님들의 학생들이 영어 단어를 암기하는데 어려움이 있을 수도 있고 문법 학습에 어려움이 있을 수도 있습니다. 매 경우마다 학습 함수는 다를 수 있습니다. 조금만 정성을 쏟으면 학생이 많은 도움을 얻을 수 있습니다.

사례: 학습활동을 싫어하고 부모 의존적이며, 친구들과 상호작용이 낮은 아이(2학년, 9세, 남)

학습 준비 사전 진단

사전 진단 결과

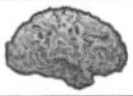

- 인지기능 문제는 없음

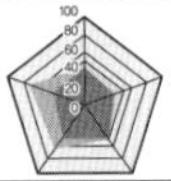

- 학교 생활의 학습 난이도가 발달수준에 비해 높아 학습에 흥미를 잃음
- 글자 습득 시기가 늦어 읽기와 쓰기에 어려움을 보임

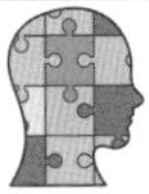

- 부모와의 정서적 유대가 매우 높고 교우들과 상호작용이 낮아 언어 발달의 악순환
- 매우 보수적이고 자아존중감이 낮으며 보상에 민감한 성향

사용자 맞춤형 학습 시퀀스

처치

학습 능력 맞춤

- 해당 아동이 어렵지 않게 학습을 할 수 있게 학습 난이도 조절로 흥미 유발
- 1회귀 학습량 40개

필요 학습 맞춤

- 읽기와 쓰기 능력을 향상 시킬 수 있는 인출기반의 학습 재료 및 시퀀스로 학습

학습 상태 맞춤

- 부모와 함께 하는 학습활동으로 보상 (칭찬/격려 등의 응원)과, 게임화 콘텐츠

학습 데이터 분석

결과

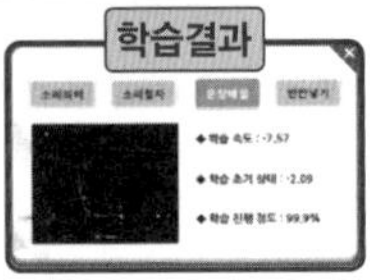

- 학습에 흥미를 가지기 시작하여 학습 가능량 증가 및 기본 시퀀스 학습까지 가능하여 이후의 학습 회귀에 적용
- 접속기록 및 반응시간 데이터를 분석한 결과 학습에 대한 몰입도 및 흥미가 점진적으로 증가하는 것으로 보임

[그림15] 한국어 교육에 학습 함수를 이용한 사례.

위에서 약간의 수학을 이용해서 외국어 학습의 효율성을 분석할 수 있는 방법을 설명했는데요, 조금 다른 수리적인 방법을 이용하면, 또 다른 언어 학습 평가에 도움이 될 수가 있습니다. 아래 실험 결과 [표3]은 2020년도에 제 연구실에서 발표한 연구 결과입니다. 몇 차례 한국어 문장과 외국어인 영어 문장을 제시한 후에 그 문장을 암기하게 하고 기억 검사를 시행한 결과입니다. 여러 개의 한국어 문장 혹은 영어 문장을 이해하고 암기하도록 하고 그리고 나서 문장에 대해 재인 기억 검사, 즉 '조금 전에 보았던 것인가요?'를 묻는 기억 검사를 시행했습니다. 문장 학습이 끝나고 바로 기억 검사를 시행한 것이에요. 대학생들이 실험 참가자였습니다. 미국에서 태어나서 영어를 배운 사람들이 아니고 한국에서 학교와 학원에서 영어를 배운 참가자들로 후기 이중 언어 화자Late Bilingual Speaker에 해당되고 영어 실력은 중상 정도로 보면 될 것입니다. 모국어와 외국어 문장의 문장 구성물에 대한 표층적 구조에 대한 기억, 학습할 때와 동일한 1형식의 문장인지, 단어는 동일한 것인지와 같은 문장의 표면적인 구조에 대한 기억과 문장 내용에 대한 의미 기억을 조사하였습니다. 그런데 연구를 기획하다가 보니까 기억 검사를 하는데 약간의 문제를 발견했습니다. 일반적으로 영어 실력이 크게 늘지 않았는데도 반복해서 시험을 보면 시험 성적이 올라가죠? 시험 보는 상황에 익숙해져서 시험 보는 기술이 늘어나기 때문입니다. 시험 기술이 증가해서 성적이 좋은 것은 진짜로 실력이 좋아졌다고 보기는 어렵지 않겠어요? 이번 실험에서도 똑같은 문제가 생기는 거예요. 그래서 시험 기술 부분을 제거하고, 진짜로 기억이 좋아져서, 문장에 대한 기억 강도가 정말 강해져서, 시험 성적이 올라가는 것을 측정하는 방법이 없을까 고민했어요. 그러다가 생각해낸 방법이 신호 탐지 이론Signal Detection Theory입니다. 신호 탐지 이론은 감각에 입력된 실제 강도와 판단하는 사람의 편견이나 기준에 의한 것을 구분할 수 있게 해주거든요. 그러니까 신호 탐지 이론을 적용하여 실험 자료를 분석하면, 1차 학습과 1차 기억 검사, 2차 학습과 2차 기억 검사에서의 기억 차이가 정말로 기억 강도가 높아져서 기억의 증가가 있는 것인지 아니면 시험에 익숙해져서 시험 성적이 올라간 것인지를 구분해 낼 수 있는 것입니다. 좋은 아이디어라고 생각합니다. 구체적인 방법은 김상엽과 남기춘(2020)을 참고하면 될 것 같습니다. 이제 연구 내용을 살펴봐요. 문장 기억 학습 과제를 일주일에 한 번씩 총 4번 그러니까 4주에 걸쳐서 실험이 이루어진 겁니다. 문장을 보면 보통 의미를 기억하고 문장의 구조에 대해서는 잘 기억하지 못합니다. 왜냐하면 문장을 들을 때 의미를 중시하고 문법 등에는 신경을 쓰지 않도록 우리의 언어 생활에 적응되어 왔기 때문에 그렇습니다. 당연히 모국어 한국어 문장이든 외국어 영어 문장이든 문장의 의미를 주로 기억할 것이라고 예상되는 상황입니다. 그런데 결과는 그렇지 않았습니다. [표2]에 결과가 제시되어 있습니다. 제시되어 있는 숫자는 신호 탐지 이론을 이용하여 추출한 진짜 기억에 남아 있는 크기를 나타냅니다. 시험을 자주 봐서 증가된 값을 제거한 진짜 기억 강도입니다. 큰 값일수록 기억에 더 강하게 남아 있는 것을 의미합니다. 문장을 4회 반복적으로 기억하는 동안 모국어 조건에서는 예상한 것처럼 의미 기억은 모든 학습 때마다 월등히 높고 문장 구성물에 대한 기억은 낮았습니다. 예상한 대로입니다. 그런데 예상하지 못했던 것도 있었습니다. 4회 반복해서 학습을 해도 기억이 별로 나아지지 않았다는 것입니다. 왜 그랬을까요? 모국어이니까 의미 기억이 워낙 높아서? 가능합니다. 그런데 문장 구조에 대한 기억은 왜 높아지지 않은 거죠? 의미를 추출하느라고 구조에는 주의를 주지 않아서? 그럴 수도 있을 것 같습니다. 아직 잘 모르겠습니다. 더 연구가 필요합니다. 반면에, 외국어인 영어 문장 기억에서는 의미 기억보다는 문장 구성물에 대한 기억이 강했다는 것입니다. 영어 문법에 익숙하지 않아서 문법을 분석하느라고 문장 구성물에 더 많은 주의를 기울였기 때문일 가능성이 매우 높습니다. 그래도 설명이 안 되는 부분이 있습니다. 4회 반복을 해도 영어 문장의 의미 기억은 증가하지 않지만, 문장의 구성물에 대한 기억은 계속적으로 증가한다는 것입니다. 처음 학습하고 기억 검사를 할 때에는 영어 문법을 해결하느라고 온 주의를 기울여서 문장 구성물에 대한 기억이 높을 수 있지만, 2회, 3회, 4회 학습이 반복되면 동일한 문장을 본 것이니까 이제 더 이상 문법에 대해 고민하지 않아도 되고 의미만 추출해서 기억하면 될 텐데 왜 문장 구성물에 대한 기억은 계속 증가할까요? 아마도 1회 학습을 하고도 여전히 영어 문법을 해결하지 못해서, 외국어인 영어 문장의 문법이 어려워서, 2회, 3회, 4회 학습에서도 여전히 문장 구조에 더 많은 주의를 기울였기 때문으로 추론됩니다. 우리는 이 결과처럼 영어 문장의 문법을 매우 어려워하는 가봐요. 물론 확실한 결론을 얻으려면 추후 연구가 필요하겠지만요. 현재까지 아는 것은 영어 문장을 학습하면 외국인인 우리는 문장의 의미를 기억하려고 하지 않고 오히려 문장의 구조를 기억하려는 경향이 있다는 것입니다. 외국어인 영어 문법의 벽은 이렇게 높습니다. 그래서 영어 문법을 효과적으로, 비선언적 기억인 절차 기억과 암묵 기억으로 등록시키고, 선언적 기억으로부터 비선언적 기억으로 전이시킬 수 있는 학습과 훈련 방법의 개발이 시급합니다. 제가 제안한 방법은 단어들 간의 관계성을 학습하고, 구 단위의 문법을 강화시키고, 문장을 구성하기 위해 필요한 구들을 배치하는 훈련을 하며, 영어 문장을 분석해내거나 생성해내는 언어심리 정보처리 기술을 강화시키는 방법을 제안하였습니다. 이번 절에서 말하려고 했던 요점은 신호 탐지 이론Signal Detection Theory를 잘 사용하면 외국어 학습이 정말로 외국어 증진을 가져왔는지 아니면 그 상황에 적응했기 때문인지를 구분해 낼 수 있다는 것이었습니다.

		After 1st Learn	After 4th Learn
L1(한국어)	문장 구성물	0.72	0.68
	문장 의미	0.20	0.21
L2(영어)	문장 구성물	0.80	0.86
	문장 의미	0.10	0.03

[표3] 외국어인 영어 문장 학습의 특성(김상엽, 남기춘, 2020). 신호 탐지 이론의 분석에 따라 민감도를 표시하고 있습니다. 수치가 높을수록 민감도가 높은 것을 의미합니다.

지금까지 '효과적인 외국어 학습 방법'에서 논의한 내용을 정리해 볼까요? 처음에는 학습의 '분산 효과'를 동사와 함께하는 단어들의 조합 패턴을 학습하는 상황에서 소개하였습니다. 그리고 가장 이상적인 분산효과를 설명하기도 했습니다. 더불어서 과잉 학습 효과Overlearning Effect를 소개하였고요. 그 다음에는 외국어인 영어 단어를 이용해서 평가를 통한 학습Learning-by-Testing을 소개하였습니다. 시험을 자주 보면 적게 공부를 해도 많은 시간을 공부한 것과 유사한 정도의 효과를 나타냈습니다. 조금 생뚱맞기는 한데 영어 구를 1초에 2회 정도의 속도의 조건으로 제시하는 것이 더 빠르거나 느리게 제시하는 것보다 더 효과적이라는 진행 중인 제 연구 결과를 소개하였습니다. 사실 저는 이 결과를 보고 많이 흥분해 있습니다. 무언가 새로운 사실을 알아낸 것 같아서요. 기억할 때 뇌에서 나오는 전류를 측정해보면 여러 종류의 파형이 검출되는데 그 중에 하나가 1초에 한 번 혹은 2번의 주기를 갖는 파형이 중요한 역할을 하거든요. 1초에 2회 제시하는 것이 바로 이 뇌파 주기와 일치하거든요. 그래서 조금 흥분되는 결과입니다. 다음 실험에서는 직접 뇌파를 측정하면서 유사한 실험을 진행해 볼 생각입니다. 위에서 소개한 연구에서 기억 검사를 선언적 기억과 비선언적 기억을 검사하는 평가 방법을 사용하였습니다. 보통 학교 등에서 시행하는 시험은 주로 선언적 기억, 일화 기억과 의미 기억을 측정하는 평가일 것이라고 예상합니다. 그런데 외국어를 말하고 듣고 하려면, 앞에서 설명했듯이 선언적 언어 지식과 비선언적 언어심리 정보처리 기술 기억이 중요합니다. 그래서 위에서 예로 제시한 연구들에서는 어떻게 비선언적 언어심리 정보처리 기억을 측정할 수 있는지 예를 보였습니다. 그리고 이런 평가 점수를 이용해서 학습 함수를 구하고, 그 함수를 이용해서 현재 상태와 미래 학습을 추측할 수 있는 방법을 예시하였습니다.

그래서,

외국어 학습은

언어 지식과 언어심리 정보처리 기술의 학습과 훈련이 필요하다.

집중해서, 반복적으로, 외국어를 실제처럼, 습관화되도록,

연습하는 것이 좋다.

부분에서 전체로, 사용 문맥을 바꾸어서,

나의 학습 상황에 맞게 학습하는 것이 좋다.

모국어를 모두 배운 후에 새로 외국어를 배우기 시작하는 후기 이중언어 학습자Late Bilingual Learner는 태어나면서부터 모국어에 노출돼서 모국어를 배우는 상황과는 많이 다릅니다. 작용하는 뇌의 원리도 다릅니다. 모국어 학습자는 언어를 담당하는 여러 뇌 영역에 정보가 흡입되는 것처럼, 유전적으로 결정된 말소리를 담당하는 뇌 영역이 비어 있는데 모국어 말소리가 제시되면 이 영역이 채워져서 그 소리에 맞도록 일부 조정이 있는 것처럼 언어를 획득합니다. 그래서 일반화된 학습체계를 많이 사용하지 않습니다. 그래서 [그림2], [그림3], [그림5]에서 설명했던 학습과 기억 과정을 많이 사용하지 않습니다. 반면에 후기 이중언어 학습자는 이미 모국어에 고착화된 뇌 영역을 사용해서, 억지로 노력해서 고착화된 영역의 작동을 변경해서 외국어를 배웁니다. [그림2], [그림3], [그림5]에서 설명했던 방법을 사용해서 외국어를 배웁니다. 많은 시간과 노력을 요구하는 외국어 학습입니다. 해마가 작업하는 응고화를 거쳐서, 해마의 역할이 거의 없는 의미 기억, 절차 기억과 암묵 기억 등의 비선언적 기억으로 전이 되어야 합니다. 뇌 영역들 간의 연결 응고화로 바뀌어야 하는 것이지요.

외국어 학습은 외국어에 대한 언어 지식Linguistic Knowledge과 언어심리 정보처리 기술Psycholinguistic Processing Skill을 배워서 기억해야 합니다. 언어 지식은 물리적인 특성을 가진 말소리에 대한 지식, 외국어의 음운 및 철자 지식, 단어 지식, 문법 지식, 운율 지식, 해당 언어 나라의 문화 배경 지식 등을 필요로 합니다. 언어심리 정보처리 기술은 언어를 효과적으로 학습하고 기억할 수 있는 기술, 말소리와 글로 쓰인 문장을 이해할 수 있는 기술, 말소리와 글로 표현하는 기술 등이 있습니다. 언어 지식이나 언어심리 정보처리 기술의 어느 한 부분이라도 부족하면 외국어 문장을 이해하지 못하거나 부자연스러운 외국어 문장을 산출하게 됩니다. 언어 지식과 언어심리 정보처리 기술 모두가 반드시 필요합니다. '특별한 언어' 섹션 부분에서 설명드린대로요. 학습해야 하는 공부양이 엄청나게 많고 또한 하나하나가 상당히 어렵고 복잡합니다. 그래서 오랜 시간의 노력이 필요합니다. [표4]에는 지금까지 논의했던 언어 지식과 언어심리 정보처리 기술의 일부를 요약하여 정리한 내용을 보여주고 있습니다. 물론 이 표에 실린 것이 모든 것을 말하는 것도 아니고 모든 연구자가 동의하는 것이 아닐 수도 있습니다. 그저 참고할 사항으로 봐 주시면 감사하겠습니다.

제 연구실에서 연구한 것을 위주로 외국어 학습에 일반 기억의 원리를 적용시키는 방법을 몇 종류 소개하였습니다. 분산 학습법, Learning-by-Testing평가를 통한 학습, 제시 시간 효과, 구Phrase 단위 혹은 동사와 전치사 기준의 단어 조합 패턴으로 문법을 공부하는 방법, 운율을 학습하는 방법 등을 소개하였습니다. 또한 외국어의 언어 지식과 언어심리 정보처리 기술을 원어민과 직접 대화하면서 학습하면 가장 이상적이지만, 현실적으로 이렇게 하는 것이 쉽지는 않아서 대신 어떤 언어심리 과제를 이용하여 연습하는 방법을 소개하였습니다. 외국어 문장을 읽고 문장의 자연스러움을 판단해보는 것과 같은 과제를 말합니다. 우리는 대부분 외국어의 언어 지식을 배우는 데에 많은 노력과 시간을 보냈습니다. 언어 지식만큼 중요한 것이 언어심리 정보처리 기술입니다. 언어심리 정보처리 기술을 마스터하지 못하면 말을 알아듣거나 말을 하는 데에 문제가 생깁니다. 저는 골프 치는 것을 좋아합니다. 골프에 대한 지식을 책이나 유튜브를 통해 많이 보고 학습한들 실제 연습을 하지 않으면 골프를 칠 수 없지 않습니까? 외국어 학습도 이와 매우 유사합니다. 소개한 연구 결과들은 대개 하루에 2시간씩 1주일에 5일씩 4주간 학습한 결과들입니다. 대학생들을 대상으로 시행한 것이고요. 학습한 시간도 상대적으로 짧고 실험 참가자가 대학생이라는 것도 소개한 연구의 한계점입니다. 많은 비용과 노력은 들어 갔지만 매우 만족스러운 연구 결과는 아닙니다. 그럼에도 불구하고 위안을 삼는 것은 국내외에서 거의 처음 시도한 연구라서 많은 분들에게 '이런 방법으로 연구하면 되겠구나' 정도의 시범은 될 것이라고 생각합니다. 지금도 인터넷을 이용하여 유사한 연구를 계속 시도하고 있습니다.

언어심리 정보처리 / 지식	언어 이해		언어 산출		외국어 학습	
	듣기	읽기	말하기	쓰기	선언적 기억 응고화	비선언적 기억 응고화
담화, 대화	- 담화 분석 - 상황/화자의 생각 이해 - 의도 이해와 적절한 대응		- 전하고 싶은 의도 생성 - 대화틀 준비 - 의도를 명제 형태의 의미 구조로 변환		문화와 상황 등에 맞는 언어 표현 연결	
문장과 구	- 구 단위 분절과 통합 - 구문분석 - 개념 추출 - 개념 연쇄의 명제 추출		- 개념과 명제의 의미 구조 생성 - Grammatical Encoding, 문장 구조 생성		- 구문 문법 학습 - 문법과 의미 연결 학습 - 명제 구조 생성 및 네트워크 구성 학습	
단어	- 어휘 접근 - 어휘 지식 활성화 - 문장에 분석에 어휘 지식 적용		- 어휘 인출과 문장에서의 적절한 위치에 배치 - 문법에 따른 형태론적 음운론적 활용		- 어휘 상징과 의미 연결 학습 - 말소리와 철자 단어 연합 학습 - 어휘 네트워크 학습	
하위-어휘; 소리조합확률/글자 조합 확률	- 형태소, 음절, 음소, 철자 단위 분절 및 조합 - Phonotactics, Phonics를 이용한 decoding and recoding		- 음운과 음성학적 Encoding - 운율 구조 생성		형태소, 음절, 음소, 철자 단위 분절 및 조합 규칙성 학습	
감각/운동 기관	시각 및 청각 기관의 감각/지각; 물리적인 소리 혹은 빛 자극을 심리적인 자극으로 변환하는 과정; accent/stress/frequency band 결합/frequency envelop		입, 손, 손가락 운동으로 실행; 심리적인 자극을 물리적으로 변환하는 과정, 글자 쓰기, 발성기관 조합과 리드믹 발성기관의 기계적 운동		감각/운동 기관으로 지각과 운동 실행	

[표4] 언어 지식 학습과 언어심리 정보처리기술 학습

평가가 매우 중요합니다. 평가를 통해서 무엇이 학습이 되었고 무엇은 부족한지를 알 수 있으니까요. 우리가 이제 외국어, 영어를 얼마나 잘하는지를 평가하려고 하면 일단 내용을 아는지를 알아봐야 됩니다. 그것은 언어 지식에 대한 기억의 문제입니다. 성인 후기 이중언어 학습자 개인의 학습 함수Learning Curve로 외국어 학습 정도를 평가해 볼 수 있습니다. 학습 함수를 구하면, 학습을 얼마만큼 진행한 것인지, 그 학생의 공부하는 속도는 어느 정도인지, 마지막 갈 수 있는 능숙도까지 얼마나 더 학습해야 하는지, 마지막 성취 지점이 어디까지 인지를 추정할 수 있습니다. [그림14]에서 설명드렸습니다. 두 번째로 언어심리 정보처리 기술을 평가해야 합니다. 흔히 저희 분야에서는 속도와 정확성을 측정합니다. 영어 단어를 알기는 아는데 대화를 하려면 그 단어를 대략 한 0.08초, 약 80밀리세컨드 내에 생각해 내서 말해야지 그렇지 않고 더 늦으면 대화가 끊깁니다. 그래서 영어로 얘기를 하다 보면 자꾸 얘기가 겉돌게 되죠. 왜냐하면 지금 말해야 되는 단어가 바로 떠오르지 않아서 그런 거예요. 언어심리 정보처리 기술도 학습 함수로 평가할 수 있습니다. 언어 지식의 기억 검사에서 완벽해도 언어심리 정보처리 기술 평가에서는 낮을 수가 있습니다. 대개는 모국어 화자의 속도 대비 몇 퍼센트 정도까지 갈 수 있는지 평가해 볼 수 있겠어요. 단어에 대해서만 예를 들었는데 문법도 조사할 수 있고 운율 등도 평가할 수 있습니다. 재미있는 사실은 이런 평가를 받다 보면 그 부분의 능력이 커진다는 것입니다. 문법의 자연스러움을 반복해서 평가하도록 하면, 평가하는 것 자체가 학습 과정으로 변해서 문법의 언어심리 정보처리 기술을 학습하게 된다는 것입니다. 물론 파닉스, 단어 인식, 운율,

단어 산출 등의 다른 언어 영역에도 그대로 적용됩니다. 정리해 보면 두 종류의 검사가 있어야 합니다. 하나는 오늘 공부하고 있는 지난주에 공부한 내용들을 얼마나 기억하고 있는지에 대한 문제와, 기억한 내용들을 얼마나 잘 사용할 수 있는지를 함수로 추정하여 구해볼 수가 있습니다. 마지막으로 이런 종류의 학습 결과를 평가할 때, 정말로 실력이 늘어서 좋아진 것인지 아니면 시험 보는 눈치가 늘어서 그런 것인지도 평가할 수 있습니다. 김상엽과 남기춘(2020)에서는 외국어 문장 기억 검사를 통해 신호 탐지 이론을 적용할 수 있는 방법을 예시로 보였습니다. 지금까지 조금은 길게 어려운 내용을 설명하였습니다. 흥미로운 주제였기를 희망합니다. 부족하지만 독자 선생님들께 도움이 되기를 바래 봅니다. 감사합니다.

참고문헌

김상엽, 남기춘 (2020). 반복적 문장기억학습 과제 수행 시 후기 이중언어화자들의 모국어와 외국어 문장기억표상의 변화에 관한 연구한국심리학회지: 인지 및 생물, 34(2), 137-144.

김제홍, 박향숙, 남기춘 (2018). 장기간에 걸친 분산 학습이 L2 연어 학습에 미치는 영향. 영미어문학, 131, 263-287.

백연지 (2014). Non-selective access to phonological representations : behavioral and electrophysiological evidences from Korean-English bilinguals. 고려대학교 대학원 박사학위 논문.

백연지, 정태원, 남기춘 (2014). 어휘 목록의 학습방법이 영어 어휘 기억에 미치는 영향. English language and linguistics, 20(1), 93-117.

Anderson, J. R. (1995). Learning and memory: An integrated approach (2nd ed.). John Wiley & Sons, Inc.

Antoniou, Ettlinger, and Wong (2016). Complexity, training paradigm design, and the contribution of memory subsystems to grammar learning. PLoS One 11, 1-20.

Atkinson, R. C., & Shiffrin, R. M. (1968). Human memory: A proposed system and its control processes. In K. W. Spence & J. T. Spence (Eds.), The Psychology of learning and motivation (Vol. 2). New York: Academic Press.

Baddley (1986). Working memory. Oxford: Oxford University Press.

Davis and Gaskell (2009). A complementary systems account of word learning: neural and behavioral evidence. Philos. Trans. R. Soc. Lond. B. Biol. Sci. 364, 3773–3800.

DeLuca, Segaert, Mazaheri, Krott (2020). Understanding bilingual brain function and structure changes? U bet! A unified bilingual experience trajectory model. Journal of Neurolinguistics, 56.

DeLuca, Rothman, Pliatsikas (2018). Linguistic immersion and structural effects on the bilingual brain: A longitudinal study. Bilingualism: Language and cognition, 1, 1 – 16.

Driskell, Willis, and Copper (1992. Effects of Overlearning on retention. Journal of Applied Psychology, 77(5), 615–622.

Flege (2018). It's input that matters most, not age. Bilingualism: Language and Cognition, 21 (5), 919 – 920.

Friederici (2011). The brain basis of language processing: from structure to function. Physiological review, 91(4), 1357–1392.

Grundy, Anderson, Bialystok (2017). Neural correlates of cognitive processing in monolinguals and bilinguals. Annals of the New York Academy of Sciences, 1396(1), 183 – 201.

Hamrick, Lumb, and Ullmanc (2018). Child first language and adult second language are both tied to general–purpose learning systems. PNAS, 115(7), 1487 – 1492.

Hartshorne, Tenenbaum, and Pinker (2018). A critical period for second language acquisition: Evidence from 2/3 million English speakers. Cognition, 177, 263–277.

Hernandez, Claussenius–Kalman, Ronderos, Castilla–earls, Sun, Weiss, Young (2019). Neuroemergentism: A framework for studying cognition and the brain. Journal of Neurolinguistics, 49, 214 – 223.

Indefrey & Levelt, (2000). The neural correlates of language production. In M. Gazzaniga (Ed.), The new cognitive neurosciences. Cambridge, MA: MIT Press.

Indefrey and Levelt, (2004). The spatial and temporal signatures of word production components. Cognition, 92, 101 – 144.

Kepinska, de Rover, Caspers, Schiller (2018). Connectivity of the hippocampus and Broca's area during acquisition of a novel grammar. NeuroImage 165, 1 – 10.

Mårtensson, Eriksson, Bodammer, Lindgren, Johansson, Nyberg, Lovden (2012). Growth of language-related brain areas after foreign language learning. Neuroimage 63, 240 – 244.

Opitz and Friederici (2003). Interactions of the hippocampal system and the prefrontal cortex in learning language-like rules. Neuroimage 19, 1730 – 1737.

Pashler, Rohrer, Cepeda, and Carpenter, (2007). Enhancing learning and retarding forgetting: Choices and consequences. Psychonomic Bulletin & Review, 14 (2), 187–193.

Ullman (2004). Contributions of memory circuits to language: The declarative/procedural model. Cognition, 92(1 – 2), 231 – 270.

Slotnick, 지음/남기춘 옮김, (2021). 기억 인지신경과학. 박영사.

Stevens (1999). Age at immigration and second language proficiency among foreign-born adults. Language in Society, 28, 555–578.

| 저 | 자 | 소 | 개 |

남기춘

고려대학교 심리학과에서 석사과정까지 졸업한 후에 미국의 The University of Texas at Austin의 심리학과에서 박사학위를 취득하였다.

1998년도부터 현재까지 고려대학교 심리학부에서 교수로 재직하고 있다. 한국어와 외국어인 영어의 뇌 정보처리와 학습 및 기억의 인지신경과학연구를 진행하고 있다.

외국어 공부가 쉬워진다

초판발행 2021년 11월 10일

지은이 남기춘
펴낸이 노 현

편 집 정은희
표지디자인 이미연
제 작 고철민 · 조영환

펴낸곳 (주) 피와이메이트
서울특별시 금천구 가산디지털2로 53, 210호(가산동, 한라시그마밸리)
등록 2014.2.12. 제2015-000165호
전 화 02) 733-6771
fax 02) 736-4818
e-mail pys@pybook.co.kr
homepage www.pybook.co.kr
ISBN 979-11-6519-199-3 93180

정 가 12,000원